AF601007

1875. 24 Mai

CATALOGUE

DE

LIVRES ANCIENS ET MODERNES

RELIÉS ET BROCHÉS

DONT LA VENTE AURA LIEU

Le Lundi 24 *et le Mardi* 25 *Mai* 1875,

à 7 *heures* 1/2 *du soir*

Rue des Bons-Enfants, 28, maison Sylvestre

SALLE N° 1

Par le ministère de Me DELBERGUE-CORMONT, commissaire-priseur

RUE DE PROVENCE, 8

PARIS

ADOLPHE LABITTE

LIBRAIRE DE LA BIBLIOTHÈQUE NATIONALE

4, RUE DE LILLE, 4

—

1875

ORDRE DES VACATIONS

Première vacation : Lundi 24 Mai 1875

1 à 208

Deuxième vacation : Mardi 25 Mai

209 à la fin

Livres en lots

CONDITIONS DE LA VENTE.

La vente se fera au comptant, 5 pour 100 en sus des enchères.

Il y aura, chaque jour de vente, de DEUX heures à QUATRE, exposition des livres composant la vacation du soir.

Les réclamations devront être faites, au plus tard, dans les vingt-quatre heures qui suivront la vacation. Passé ce délai, les articles adjugés ne seront repris pour aucune cause.

Le libraire chargé de la vente remplira les commissions des personnes qui ne pourraient y assister.

Paris. — Typ. Georges Chamerot rue des Saints-Pères, 19.

CATALOGUE

DE

LIVRES ANCIENS ET MODERNES

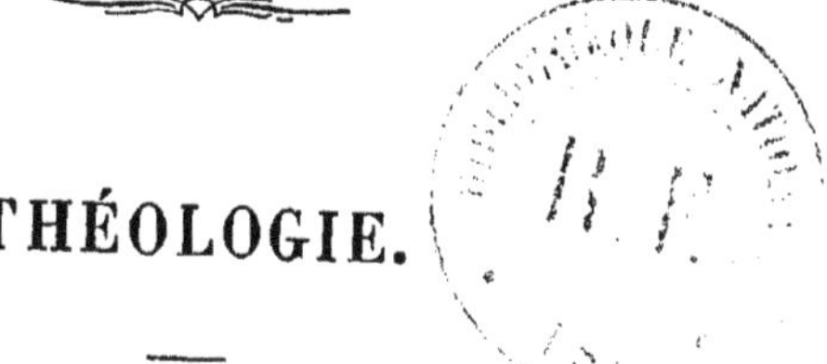

THÉOLOGIE.

---

1. Liber psalmorum Davidis, translatio duplex, vetus et nova; hæc posterior, sancti Pagnini, partim ab ipso Pagnino recognita, partim ex Franc. Vatabli... emendata. Adjectæ sunt annotationes cum ex aliorum translatione... (*Parisiis*) *Oliva Rob. Stephani*, 1556, in-8, mar. r. fil. fleurons sur les plats, dos orné, tr. dor. (*Rel. du* XVe *siècle.*)

Bel exemplaire bien conservé et grand de marges. Avec table manuscrite à la fin.

2. Davidis Psalmi, latine, studio Viel. *Parisiis*, 1575, in-16, mar. à compartiments, tr. dor.

Ancienne reliure restaurée.

3. Jérémie, traduit en françois, avec une explication tirée des saints Pères, ...par le sieur Le Maistre de Sacy. *Bruxelles, E.-H. Fricx*, 1700, in-12, mar. brun, fil. dos orné, tr. dor. (*Rel. anc.*)

4. Histoire de la vie de Nostre-Seigneur Jésus-Christ. *A Paris, chez Hélie Josset*, 1678, pet. in-12, maroq. vert foncé, jans. tr. dor. (*Petit.*)

Édition originale.

5. Le Nouveau Testament de Nostre-Seigneur Jésus-Christ, traduit en françois selon l'édition Vulgate, avec les différences du grec. *Mons*, *Gaspard Migeot*, 1667, 2 vol. petit in-8, beau frontisp. gr. vél.

Première édition de la célèbre traduction de Port-Royal, la meilleure sous cette date.

Exemplaire réglé très-grand de marges, avec témoins.

6. Le Nouveau Testament de Nostre-Seigneur Jésus-Christ, traduit en françois selon l'édition Vulgate .... *Mons, Gaspard Migeot*, 1667, 2 vol. pet. in-8, beau frontisp. gr. mar. vert, fil. à froid, tr. dor. (*Bonne rel. anc.*)

Seconde édition sous cette date.

7. Le Nouveau Testament de Nostre-Seigneur Jésus-Christ, traduit en françois, selon l'édition Vulgate... *Mons, Gaspard Migeot*, 1699, 2 part. en 1 vol. in-12, nombr. figures, v. m. (*Jolie édition.*).

8. L'Imitation de Jésus-Christ, traduite et paraphrasée en vers françois, par P. Corneille. *Leyde, J. Sambix* (*à la Sphère*), 1657, 2 vol. pet. in-12, mar. r. fil. dos orné.

Le titre du premier volume est plus court et doublé ; les derniers feuillets sont trop rognés à la marge latérale. Raccommodages et taches.

9. Hymni et Evangelia, epistolæ, introïtus et sequentiæ quæ diebus dominicis, in ecclesia Dei, leguntur et canuntur. *Coloniæ*, 1573, in-12, mar. br. tr. dor. *figures sur bois*.

10. Catholicum Precationum selectissimarum Enchiridion, concinnatum per M. Simonem Verepæum. *Antuerpiæ, sumpt. viduæ et hered. Jo. Belleri*, anno 1603, in-16, figures dans le texte, v. f. (*Piqûre de ver au coin de la marge.*)

11. Missel de Paris, latin-françois ... *Paris, les libraires associés*, 1741, 8 vol. — Office de la quinzaine de Pasque. *Paris*, 1740, 1 vol. — Ensemble 9 vol. in-12, mar. r. fil. tr. dor. (*Rel. anc.*)

Mouillures.

12. Officium hebdomadæ sanctæ et Paschatis, usque ad Ascensionem, sculptum et notatum ad versum Ecclesiæ Parisiensis. *Parisiis, Edm. Couterot, s. d.*, pet. in-8, avec musique notée, mar. r. fil. tr. dor. (*Rel. anc.*)

Volume entièrement gravé.

13. Missel de Paris, latin-françois .... *Paris, les libraires associés*, 1779, 8 vol. in-12, mar. r. fil. tr. dor. (*Rel. anc.*)

14. L'Office de la semaine sainte, en latin et en françois, à l'usage de Rome et de Paris .... *Paris, chez d'Houry*, 1729, in-12, mar. r. tr. dor. (*Rel. anc. aux armes du Régent.*)

Déchirure et quelques taches.

15. Les Œuvres du divin saint Denys Aréopagite.... traduites du grec en françois par Fr.-Jean de Saint-François. Avec une apologie, par le même. *Paris, Jean de Heuqueville*, 1608 ; 2 part. en 1 vol. in-8, frontisp. gr. par L. Gaultier, demi-rel. v. f. dos orné. (*Quelques mouillures.*)

16. Picherelli Opuscula theologica. *Lugd. Bat., ex. officina Elzeviriana*, 1629, in-12, vélin.

Exemplaire grand de marges. Il porte la signature de Ballesdens.

17. Entretiens historiques sur le christianisme de l'empereur Philippe .... adressées à M. P. (Pictet) (par P. de la Faye). *Utrecht, Ant. Schouten*, 1692, pet. in-12, mar. citr. anc. (*Ex. de Walckenaer.*)

18. Pensées de M. Pascal sur la religion et sur quelques autres sujets. *A Paris, chez Guill. Desprez*, 1671, pet. in-12, vél. blanc moderne, titre callígr.

19. Grotius. De Veritate religionis Christianæ. *Amst., ex off. Elzeviriana*, 1675, in-12, chagrin vert, dent.

20. Instructions théologiques et morales sur l'oraison dominicale, la salutation angélique, la sainte messe et les autres prières de l'Eglise, par feu monsieur Nicole. *A la Haye, chez Adrian Moetjens*, 1707, in-12, maroq. fauve, tr. dor. (*Anc. rel.*)

21. Instructions théologiques et morales sur le premier commandement du décalogue, où il est traité de la foy, de l'espérance et de la charité, par feu M. Nicole. *Paris, Ch. Osmont*, 1723, 2 vol. in-12, mar. citr. foncé, tr. dor. (*Bonne rel. anc.*)

22. Traitez des cloches, et de la sainteté de l'offrande du pain et du vin aux messes des morts, non confondu avec le pain et le vin qu'on offroit sur les tombeaux, par M. J.-B. Thiers. *Paris, J. de Nully*, 1721, in-12, non rel.

Ouvrage estimé et peu commun.

23. Les Visionnaires et les Imaginaires, par le sieur de Damvilliers. *A Liége, chez Adolphe Beyer*, 1667, 2 vol. pet. in-12, v. fil.

Hauteur, 130 mill.

24. Recueil de divers traitez de théologie mystique qui entrent dans la célèbre dispute du quiétisme... par madame Guion... et le frère Laurent de la Résurrection (publiés par Poiret). *Cologne, Jean de La Pierre*, 1699, in-12, v. br.

25. Anecdotes ou mémoires secrets sur la Constitution Unigenitus (par Villefore). *Utrecht, Corn.-Guill. Le Febvre*, 1733, 3 vol. in-12, v. gran. (*Quelques mouillures.*)

26. Les Sentimens du chrétien dans la captivité, par messire François Doujat, conseiller du roy. *A Paris, chez Cl. Gasse*, 1678, in-12, front. et fig. grav. v. ant.

27. Le Syndicat du pape Alexandre VII avec son voyage en l'autre monde, traduit de l'italien (de Gregorio Leti). (*Hollande, Elzeviers*), 1669, in-12, v. porph. fil. tr. dor.

128 millim.

28. Éloge historique ou Vie abrégée de sainte Frémiot de Chantal... *Paris, Ch.-P. Berton*, 1768, in-12, v. m.

29. La Règle de saint Benoît, traduite par l'abbé de la Trappe. *A Brusselle, Fr. Foppens*, 1704, pet. in-8, frontisp. gr. br.

30. L'Alcoran des Cordeliers, tant en latin qu'en françois... (trad. du latin de Fr. Barthélemi de Pise, par Conrad Badius). *Genève, Conrad Badius*, 1560, 2 part. en 1 vol. in-8, v. gran. (*Mouillures, taches et fortes piqûres de vers.*)

31. L'Alcoran des Cordeliers, tant en latin qu'en françois, c'est-à-dire recueil des plus notables bourdes et blasphèmes de ceux qui ont osé comparer sainct François à Jésus-Christ..., trad. de Fr. Barthélemi de Pise (par Conrad Badius). *Amsterdam*, 2 vol. in-12, figures de B. Picart, rel. en v. br. et en v. m. (*Rel. non uniforme.*)

Édition estimée.

32. La Guerre séraphique, ou histoire des périls qu'a courus la barbe des capucins par les violentes attaques des Cordeliers. — On y a joint une dissertation sur l'inscription du grand portail de l'église des Cordeliers de Reims (par J.-B. Thiers). *La Haye, Pierre de Hondt*, 1740, in-12, v. m. tr. dor.

33. Les Moinez empruntez, par M. Pierre Joseph. *Cologne, Pierre du Marteau*, 1696, 2 part. en 1 vol. in-12, front. gr. v. br. (*Piqûres d'humidité.*)

34. L'Apocalypse de Méliton, ou révélation des mystères cénobitiques. *A Sainct-Léger, Noel et Jacques Chartier*, 1665, in-12, frontisp. gr. v. br.

Édition elzévirienne. Hauteur, 131 millim.

35. Mémoires historiques pour servir à l'histoire des inquisitions (par Dupin). *A Cologne, chez Denys Stebus*, 1716, 2 vol. in-12, figures v. f. ant.

36. Gémissements d'une âme vivement touchée de la destruction du saint monastère de Port-Royal des Champs. *S. l.*, 1714, 4 part. en 1 vol. in-12, vél. de Holl. orn. or sur les plats.

Bel exemplaire d'un excellent ouvrage dû au P. Boyer de l'Oratoire; il est fort difficile d'en réunir les quatre parties.

37. Alphabetum diaboli, auctore Joanne Niess, societ. Jesu. *Dilingæ*, 1627, in-12, frontisp. gr. curieux, mar. viol. fil. tr. dor. (*Aux armes du marquis de Morante.*)

Livre rare. Le titre est remonté et doublé. Raccommodages.

38. Traité des superstitions, selon l'Écriture sainte, les décrets des conciles et les sentiments des saints Pères..., par Jean-Bapt. Thiers. *Paris, Ant. Dezallier*, 1697, 4 vol. in-12, v. gran.

Ouvrage estimé. Bel exemplaire.

39. Histoire critique des pratiques superstitieuses qui ont séduit les peuples et embarrassé les sçavants, par un prêtre de l'Oratoire (le P. Le Brun). *Rouen et Paris*, 1702, petit in-8, vélin blanc de Hollande.

Bel exemplaire du couvent de Saint-Jean, au diocèse de Chartres.

40. Institutio Christianæ Religionis, Johanne Calvino authore. *Genevæ, per Adamum et Johannem Riverios*, 1554, petit in-8, réglé, v. m. (*Quelques feuillets un peu trop rognés.*)

41. Le Panthéon huguenot, découvert et ruiné contre l'autheur de l'idôlatrie papistique... par Louis Richeome. *Rouen, Salomon Jumelin*, 1610, in-8, frontisp. gr. v. m.

42. Idée générale de la théologie payenne servant de réfutation au système de M. Bekker, touchant l'existence et l'opération des démons par M. B*** (Binet). *Amsterdam, chez Jean du Fresne*, 1699, pet. in-8, demi-rel. maroq. vert du Levant, tête dor. n. rogn.

43. L'Alcoran de Mahomet, translaté d'arabe en françois, par le sieur du Ryer. *Suivant la copie imprimée à Paris, chez Ant. de Sommaville* (*Holl., Elzevier*), 1672, pet. in-12, non rel.

44. L'Alcoran de Mahomet, traduit d'arabe en françois, par le sieur Du Ryer. *La Haye, Adrian Moetjens,* 1683, petit in-12, frontisp. gr. par Harrewyn, non rel.

Joli exemplaire. Hauteur, 132 millim.

45. La Vie de Mahomed, avec des réflexions sur la religion mahométane et les coutumes des Musulmans, par M. le comte de Boulainvilliers. *Amsterdam, Pierre Humbert*, 1731, pet. in-8, figures ajoutées, mouton vert, tr. dor.

SCIENCES ET ARTS.

46. An. Manl. Sever. Boetii consolationis philosophiæ libri V; ejusd. opuscula sacra auctiora Renatus Vallinus recensuit et notis illustravit. *Lugduni Batavorum, apud Francisc. Hackium*, 1656, pet. in-8, frontisp. et portrait gr. v. f. dos et coins ornés.

47. Morale de Sénèque. 3 vol. — Manuel d'Épictète. 1 vol. *Paris, Didot et de Bure l'aîné*, 1782, 4 vol. in-16, v. ant. fil. tr. marbr. (*Armoiries.*)

De la collection des Moralistes anciens.

48. Cardani de prudentia civili. *Lugd. Bat., ex off. Elzeviriana*, 1627, pet. in-12, mar. bl. fil. tr. dor.

49. Le Mespris de la court, par don Antonio de Guevara. *Jean de Tournes*, 1591, in-16, demi-rel.

Espagnol et français ; le français est imprimé en caractères de civilité.

50. De la Sagesse, trois livres, par Pierre Charron. *Paris, David Douceur*, 1607. in-8. — Traité de la Sagesse, composé par Pierre Charron... *Paris*, 1608; en 1 vol. in-8, avec 2 portr. vél. (*Quelques feuillets un peu trop rognés.*)

Notes manuscrites anciennes sur les marges.

51. De la Sagesse, trois livres, par Pierre Charron. *Suivant la vraye copie de Bourdeaux, à Leyde, Jean Elzevier*, 1656, pet. in-12, non rel. (*Incomplet du frontispice. — Quelques taches.*)

52. De la Sagesse, par Pierre Charron. *Suivant la vraye copie de Bourdeaux, Paris, Christophle Journel*, 1657, in-12, frontisp. gr. v. m. fil.

53. De la Sagesse, trois livres, par Pierre Charron. *Suivant la vraye copie de Bourdeaux, Amsterdam, Louis et Dan. Elzevier*, 1662, pet. in-12, front. gr. non rel.

Jolie édition. Exemplaire grand de marges. Hauteur : 130 mill. 1/2. Quelques taches légères d'humidité.

54. Traité des restitutions des grands, avec une lettre touchant quelques points de la morale chrestienne (par Claude Jolly). *S. l. n. d.* (*à la Sphère*), 1665 (*Hollande, Elzeviers*), pet. in-12, demi-rel. dos et coins de v. f. fil. tr. peigne.

125 millimètres.

55. Le Grand Empire de l'un et de l'autre monde, divisé en trois royaumes : le royaume des aveugles, des borgnes et des clairvoyants... composé par J. de la Pierre. *Paris, Denis Moreau*, 1625, frontisp. par Crisp. de Pas, v. rac. dent. (*Armes.*)

56. Les Charactères des passions, par le sieur de la Chambre. *S. l. n. d.*, pet. in-8, frontisp. gr. v. br. fil.

Première édition.

57. Les Pensées, maximes et réflexions morales de M. le duc *** (de la Rochefoucauld). Edition augmentée de remarques critiques, par l'abbé de la Roche. *Paris, veuve d'Etienne Ganeau*, 1741, in-12, v. f. dos et coins ornés.

58. Réflexions, ou Sentences et maximes morales de la Rochefoucauld, revues par Ch. Royer. *Paris, Alph. Lemerre*, 1870, pet. in-12, br. neuf, couvert. vél. portr. gr.

59. Les Caractères de Théophraste, avec les Caractères ou les mœurs de ce siècle, par M. de la Bruyère... Edition augmentée de quelques notes,et de la défense de la Bruyère, par M. Coste. *Amsterdam, Fr. Changuion*, 1743, 2 vol. in-12, v. m.

60. Maximes et réflexions morales extraites de la Bruyère. *Paris, de l'imprimerie de Monsieur*, 1781, in-16, v. f. ant. fil. tr. dor. (*Armoiries.*)

61. Les Caractères ou les Mœurs de ce siècle, par la Bruyère, publiés par Adrien Destailleurs. *Paris, P. Jannet*, 1854, 2 vol. in-12, cart. percal. n. rog.

62. Le Premier Texte de la Bruyère. — Le Premier Texte de la Rochefoucauld. — Les Caractères de la tragédie, manuscrit inédit attribué à la Bruyère. *Paris, Jouaust*, 1868-70, 3 vol. in-12, br. neuf.

63. Dissertation touchant l'empire de l'homme sur tous les autres animaux et sur toutes les créatures sublunaires... par le sieur de Galatheau. *Paris, Cl. Barbin*, 1676, in-12, v. br.

64. Deleyte de la Discrecion y facil escuela de la Agudeza, por el exc. señor don Bernardino de Velasco y Pimentel. *En Madrid*, 1764, in-4, v. f.

Bel exemplaire.

65. Traicté contre les dvels auec l'edict de Philippe le Bel de l'an 1306, non encore imprimé, par maistre Iean Savaron. *A Paris, chez Adrian Perier*, 1610, in-12, vél. bl. moderne, titre calligr.

66. Traité du choix et de la méthode des études, par M. Claude Fleury. *Paris, Aubouin*, 1686, in-12, mouton vert, fil. dos orné, tr. dor.

Édition originale.

67. Traité de l'incertitude des sciences (de Thomas Baker, par Berger). *Paris, Pierre Miquelin*, 1714, in-12, v. gran. dos et coins ornés.

Aux armes du DUC DE VALENTINOIS.

68. Caii Plinii Secundi historiæ naturalis libri XXXVII, quos recensuit et notis illustravit Gabriel Brotier. *Parisiis, J. Barbou*, 1779, 6 vol. in-12, frontisp. grav. v. f. fil. tr. dor. (*Rel. anc.*)

69. Études de la nature, par Jacques-Bernardin-Henri de de Saint-Pierre. *Paris, Didot jeune*, 1792. — Vœux d'un solitaire... 1789. — Ensemble 5 vol. in-12, v. f. dent. dos orné tr. dor. (*Bozérian.*)

70. Entretiens sur la pluralité des mondes, par Fontenelle, de l'Académie française. *A Dijon, an II*, in-12, portrait grav. par St-Aubin, mar. bleu foncé, fil. tr. dor. (*P. Bozérian jeune.*)

71. Catalogue méthodique et raisonné de la collection des fossiles de Mlle Eléonore de Raab, par M. de Born. *Vienne*, 1790, 2 vol. in-8, mar. r. tr. dor.

72. Champfleury. Les Chats. *Paris, Rothschild*. 1870, in-18, br. 80 planches dans le texte.

73. La Statique, ou la Science des forces mouvantes, par le P. Ignace Gaston Pardies. *Paris, veuve de Sébast. Mabre-Cramoisy*, 1688, in-12, fig. v. gran.

Aux armes du duc de MORTEMART. Sur le titre se trouvent ces mots écrits de la main du duc : « *Je suis au duc de Mortemart.* »

74. Traité de l'aiman, divisé en deux parties, par M. D*** (Dalencé). *Amsterdam, Henry Wetstein*, 1687, in-12, front. gr. et figures, v. gran. dent. tr. dor.

Livre intéressant, orné de figures de Schoonebeck. Bel exemplaire.

75. Hippocratis Coi de natura humana liber cum duobus commentariis Galeni; ejusdem de victus ratione salubri liber, cum Galeni commentario, Hermano Cruserio Campensi interprete. *Parisiis, apud Sim. Colinæum*, 1534, in-16, demi-rel. mar. r. tr. sup. dor.

Exemplaire NON ROGNÉ. Rare.

76. Albertus Magnus de secretis mulierum, item de virtutibus herbarum, lapidum et animalium. *Amstelodami, apud*

Henr. et Theod. Boom, 1669, pet. in-12, mar. r. fil. dos orné, tr. dor.

77. Les Admirables Secrets d'Albert le Grand, contenant plusieurs traités sur la conception des femmes, les vertus des herbes. *Lion, les héritiers de Beringos*, 1729, in-12, fig. v. m.

78. Thesaurus Evonymi Philiatri, de remediis secretis. *Lugduni, apud Arnolletum*, 1555, in-16, figures sur bois, veau fauve.

Aux armes de Bonnier de la Mosson.

79. Actuarii Joannis filii Zacharium opera. De actionibus et spiritus animalis affectibus... — De urinis. — De medicamentorum compositione, etc... Joanne Ruello interprete. *Lugduni, apud Joan. Tornæsium*, 1556, 4 tom. en 2 vol. pet. in-16, mar. citr. fil. dos orné, tr. dor. (*Rel. anc.*)

80. Remèdes contre la peste (par Adrien Helvétius). *Paris, Lemercier*, 1721, in-12, maroq. rouge foncé, tr. dor. (*Rel. anc.*)

81. Traité des eunuques, dans lequel on explique toutes les différentes sortes d'eunuques, quel rang ils ont tenu et quel cas on en a fait, par M. D. (Ch. Ancillon). *S. l.* (*à la Sphère*), 1707, in-12, v. ant.

82. Traitez nouveaux et curieux du café, du thé et du chocolat, ouvrage également nécessaire aux médecins et à tous ceux qui aiment leur santé, par Philippe-Sylvestre Dufour, à quoy on a adjouté dans cette édition, la meilleure de toutes les méthodes, qui manquait à ce livre pour composer d'excellent chocolat, par M. Saint-Didier. *A la Haye, chez Adrian Moetjens*, 1693, pet. in-12, figures, maroq. br. tr. dor.

83. Recherches sur la découverte de l'essence de rose, par L. Langlès. *A Paris, de l'Impr. nationale, an XIII*, in-12, demi-rel. veau rose, n. rog.

Avec le portrait et une lettre autographe de l'auteur.

84. Comte de Gabalis, ou Entretiens sur les sciences secrètes (par l'abbé de Montfaucon de Villars). *Amsterdam, Pierre de Coup*, 1715, 2 part. en 1 vol. pet. in-12, v. m. (*Quelques taches.*)

85. La Chiromance de Patrice Tricasse, Mantouan, traduicte d'italien en françois. *A Paris, chez Ambr. Drovard*, 1583, in-12, figures, v. ant. fil.

86. Le Trompette françois. — Le Miroir des alchimistes. *S. l.*, 1609, 2 part. en 1 vol. pet. in-12, 2 frontisp. gr. vél. bl. de Hol.

87. De Spectris lemuribus et magnis, atque insolitis fragoribus, variisque præsagitionibus... authore Ludovico Lavatero. *Lugduni Batavorum, apud Henr. Verbiest*, 1659, front. grav. — De Viribus imaginationis tractatus, authore Thoma Fieno. *Londini, Roger Danielis*, 1657, en 1 vol. pet. in-12, parch.

88. Pratique curieuse, ou les Oracles des sibylles sur chaque question proposée, avec la fortune des humains inventée par M. Commiers. *A Paris, et se vend à Brusselles*, 1702, in-12, front. gr. vél. bl. dos et coins fleurdelisés.

89. Apologie pour les grands hommes soupçonnez de magie, par G. Naudé. *Amsterdam, J.-Fréd. Bernard*, 1712, pet. in-8, frontisp. gr. v. gran.

90. Les Génies assistans et gnomes irréconciliables, ou suite au comte de Gabalis. *A la Haye*, 1718, pet. in-12, vél. bl. moderne, titre calligr.

91. Les Clefs de la philosophie spagyrique, qui donnent la connoissance des principes et des véritables opérations de cet art dans les mixtes des trois genres, par feu M. le Breton. *Paris, Cl. Jombert*, 1722, in-12, v. m. fil. dos orné.

92. Secrets merveilleux de la magie naturelle et cabalistique du petit Albert, traduit exactement sur l'original intitulé Alberti Parvi Lucii... *Lyon, les héritiers de Béringos*, 1752, in-12, planches, v. m.

93. Histoire des vampires et des spectres malfaisans, avec un examen du vampirisme. *Paris, chez Masson*, 1820, in-12, demi-rel. mar. viol. foncé, tête dor. n. rog.

---

94. Deux Dialogues svr la peintvre, par M. Fénelon. *A Londres*, 1811, in-8 de 40 feuillets sur papier jonquille, cart. n. rog.

Tirage seulement à 100 exemplaires.

95. Pia Desideria, authore Hermanno Hugo. *Antuerpiæ, apud Henr. Ærtssens*, 1645, pet. in-12, jolies figures, demi-rel. dos et coins de mar. grenat, tr. dor.

96. La Philosophie des images énigmatiques, où il est traité des énigmes hiéroglyphiques, oracles, prophéties, sort, divinations, loteries, talismans, songes, par le P. Cl.-François Menestrier, de la Compagnie de Jésus. *Lyon*, 1694, pet. in-8, demi-rel. dos et coins de maroq. rouge, tête dor. n. rog.

BELLES-LETTRES.

POËTES ANCIENS.

97. Odes d'Anacréon, avec LIV compositions par Girodet, traduction d'Ambr. Firmin-Didot. *Paris, F. Didot*, 1864, pet. in-12, br. encadr. fil. rouge, photographies.

98. L'Iliade d'Homère, — et l'Odyssée, — avec des remarques, précédées de réflexions sur Homère et sur la traduction des poëtes, par M. Bitaubé. *Paris, Didot l'aîné*, 1787-88, 14 vol. in-18, avec 2 portraits, v. m. fil. tr. dor.

Exemplaire en *papier vélin*.

99. Fabulæ Æsopi, græcè et latinè, nunc denuo selectæ : eæ item quas Avienus carmine expressit; accessit Ranarum et Murium pugna Homero olim descripta. *Amstelodami, apud Joan. Ravesteynium*, 1672, pet. in-8, fig. sur bois, v. m.

100. Publii Virgilii Maronis Opera. Nic. Heinsius, Dan. fil., recensuit. *Patavii, excud. Josephus Cominus*, 1738, in-8, cart.

101. Les Poésies de Virgile, avec des notes critiques et historiques..., par le P. F. Catrou (texte en regard). *Paris, Barbou*, 1729, 4 tomes en 3 vol. in-12, frontisp. et figures grav. par G. Scotin, v. br.

102. L'Eneide de Virgile..., translatée de latin en françois, par Louis des Masures, Tournisien; avec les carmes latins, correspondant verset pour verset. *Paris, Jean Borel*, 1567, in-8, demi-rel. dos et coins de mar. r. dos orné, tr. dor. (*Quelques mouillures.*)

Édition peu commune.

103. Quinti Horatii Flacci Poemata, scholiis sive annotationibus, instar commentarii illustrata a Joanne Bond. — *Aurelianis, typis Couret de Villeneuve*, 1767, in-12, v. gran. fil. (*Exemplaire grand de marges.*)

104. Quinti Horatii Flacci Poemata. *Aurelianis, typis Couret de Villeneuve*, 1767, in-12, maroq, fauve, tr. dor. (*Anc. rel.*)

105. Horatii Opera, ed. Amar. *Parisiis, Lefèvre*, 1825, in-12, v. f.

106. Fables de Phedre, affranchi d'Auguste, traduites en français, avec le texte à côté, et ornées de gravures. *A Paris, de l'imp. de P. Didot*, 1806, 2 vol. pet. in-12, demi-rel. dos et coins de v. f. fil. tête dor. n. rog.

107. Publ. Ovidii Nasonis Metamorphoseon libri XV..., opera et studio Thomæ Farnabii. *Parisiis, apud Ægidium Morellum*, 1637, pet. in-fol. frontisp. et figures dessinées par F. Clein, grav. par Savery, non rel.

108. Pièces choisies d'Ovide, traduites en vers français par T. Corneille. *A Rouen, et se vendent à Paris chez Guill. de Luynes*, 1670, in-12, vélin blanc.

Édition originale. Mouillures.

109. P. Ovidii Nasonis Opera quæ supersunt. *Parisiis, typ. Barbou*, 1793, 3 vol. — M. Valerii Martialis epigrammatum libri... *Lutetiæ Parisiorum, Barbou*, 1754, 3 vol. — Marci Accii Plauti comœdiæ quæ supersunt. *Parisiis, Barbou*, 1759, 2 vol. — Ensemble 8 vol. in-12, avec frontispices gravés, v. m. fil. dos orné, tr. dor. (*Anc. rel.*)

Reliure uniforme, portant sur les plats le nom de M. Sarrat.

110. Titi Lucretii Cari de rerum natura libri sex. *Lutetiæ Parisiorum, Barbou*, 1754, in-12, frontisp. gr. v. m. fil. tr. dor. — Phædri... fabularum libri V, cum notis Gabr. Brotier. Accesserunt parallelæ Joan. de la Fontaine fabulæ. *Parisiis, Barbou*, 1783, in-12, frontisp. gr. v. m. fil. tr. dor.

111. J. Juvenalis Satirarum libri V, cura Rigaltii. *Lutetiæ, ex officina Rob. Stephani*, 1616, in-12, mar. citr. (*Anc. rel.*)

112. M. Valerii Martialis Epigrammata, paraphasi et notis variorum selectiss. ad usum Delphini... *Amstelædami, G. Gallet*, 1701, in-8, figures de médailles v. br.

113. Les Satires de Perse avec des notes (par M. Genner) et le texte en regard. *Berne, chez P. Walthard*, 1765, in-8, v. f. fil. tr. dor. frontir. gr. et vignettes.

114. Recueil d'épigrammes des poëtes latins tant anciens que modernes, par le sieur du Four. *Paris, Olivier de Varennes*, 1669, in-12, v. gran. fil. tr. marb.

115. Prudentii Opera. *Venetiis, Aldus*, 1501, 2 part. en 1 vol. pet. in-4, lettres rondes, non rel. (*Préparé pour la reliure.*)

Bel exemplaire grand de marges, réglé.

116. Marci Hieronymi Vidæ Cremonensis, Albæ episcopi, opera. *Antuerpiæ, apud Christoph. Plantinum*, 1585, in-16, mar. citr. fil. dos orné, tr. dor. (*Rel. anc.*)

117. Juvencus presbyter immensam evangelicæ legis majestatem heroicis versibus concludens. *S. l. n. d.* (vers 1490), pet. in-4 goth. de 62 feuillets, fig. en bois sur le titre, v. m.

Livre rare. Édition que l'on croit imprimée à Deventer, vers 1490, dit M. Brunet, mais que Dibdin a attribuée à J. Quentel de Cologne.
Exemplaire bien conservé.

118. Johannis Secundi Opera, accurate recognita ex museo P. Scriverii. *Lugduni Batavorum, apud Franc, Moyært*, 1651, pet. in-12, frontisp. gr. contenant un portr., mar. r. fil. dos orné, tr. dor. (*Jolie reliure genre Derome.*)

POÈTES FRANÇAIS ET ÉTRANGERS.

119. La Grammaire en vaudevilles, ou lettres à Caroline sur la grammaire française par S***. *Paris, chez Barba*, 1806, pet. in-12, figures, demi-rel. v. f. tr. marb.

120. Cahiers de remarqves sur l'orthographe françoise pour estre examinez par chacun de messieurs de l'Académie, publiés par Ch. Marty-Laveaux. *Paris, Jules Gay*, 1863, in-12, demi-rel. maroq. rouge jans, tête dor. non rog.

121. Le Parement des dames. — Maistre Pathelin. — Villon. — Chansons. — Les Estrennes des filles de Paris. — Les cris de Paris. — Miracle de Saint-Nicolas. *Paris, Bailleu*, 7 vol. gr. 16, brochés.

Réimpressions gothiques.

122. Œuvres de François Villon, avec les remarques de diverses personnes (le Duchat, Laurey, Formey et de Laurière). *A la Haye, Adr. Moetjens*, 1742, 3 parties en 1 vol. in-12, v. f. ant. (*Armoiries.*)

123. Œuvres complètes de François Villon, publiées par P. L. Jacob. — Œuvres complètes de Mathurin Regnier, publiées par M. Viollet-le-Duc. —*Paris, P. Jannet*, 1853-54. 2 vol. in-12. cart. n. rog.

124. Œuvres complètes de P. de Ronsard, publiées par M. Prosper Blanchemain. *Paris, P. Jannet*, 1857-67, 8 vol. in-12. portr. cart. percal. n. rog.

125. Œuvres de Regnier. *A Londres*, 1746. 2 tomes en 1 vol. in-12. v. f. ant. fil. tr. dor.

126. Œvvres de Mathvrin Regnier, texte original, avec notice, variantes et glossaire, par E. Courbet, *Paris, Alph. Lemerre*, 1869, in-12, br. Exempl. en gr. papier de Holl. avec les deux eaux-fortes de Bracquemond.

127. Oevvres de Mathvrin Regnier, texte original, avec notice, variantes et glossaire, par E. Courbet, *Paris, Alph. Lemerre*, 1869, in-12, br. exempl. en gr. papier de Holl. avec les deux eaux-fortes de Bracquemond.

128. Ferry Julyot. — Les Elégies de la belle fille lamentant sa virginité perdue, avec une introduction et des notes, par E. Courbet. *Paris, Alph. Lemerre*, 1868, in-12, br. neuf.

Épuisé.

129. Satires de Dulorens. — Élégies de Jean Doublet. — Poésies de Jacques Tahureau (tome 11e). *Paris, cabinet du bibliophile, Alph. Lemerre, impr. de Jouaust*, 1869-71, 3 vol. in-12. br. neuf.

130. La Clef d'amour, poëme publié par Edwin Tross, avec une introduction et des remarques par M. H. Michelant, *Lyon, L. Perrin*, 1866, in-8, papier de Chine, encadr. fil. rouge, maroq. rouge du levant, jans. tr. dor. (*A. Petit.*)

Les feuillets 57 à 64 inclus sont raccommodés.

131. La Puce de Mme Desroches. — Lettres turques. — Amusements sérieux et comiques. *Paris, cabinet du Bibliophile*, 1868-69, 3 vol, in-12 br. neuf.

132. Poésies de M. de Segrais (troisième édition). *A Paris, chez Ant. de Sommaville*, 1661, in-12, maroq. bleu à comp. dos orné, tr. dor. (*Tripon.*)

133. Œuvres diverses dv sievr D*** (Boileau-Despréaux), auec le traité dv Svblime ou dv merveilleux dans le discours, traduit du grec de Longin. *A Paris, chez Denis Thierry*, 1675, in-12, demi-rel. dos et coins de maroq. vert jans. tr. dor.

134. Fables choisies mises en vers par M. de la Fontaine, avec un nouveau commentaire par M. Coste. *Paris*, 1746, 2 vol. in-16, figures en tête des pages, v. gran. fil.

135. Fables choisies mises en vers par M. de la Fontaine, nouvelle édition, avec de petites notes pour en faciliter l'intelligence. *A Hambourg*, 1731, 2 tomes en 1 vol. pet. in-12, maroq. vert foncé, jans. tr. dor. (*Thompson.*)

136. Contes et nouvelles en vers, par J. de la Fontaine. — Fables de la Fontaine avec notes et soixante-quinze figures gravées sur bois. *Paris, L. de Bure*, 1825-1830. 4 vol. in-16, maroq. rouge, fil. tête dor. n. rog. (*Armoiries.*)

137. Fables, contes et nouvelles en vers de J. de la Fontaine, texte original par Alph. Pauly. *Paris, Alph. Lemerre*, 1868, 4 vol. pet. in-12, br. neuf. (Eau-forte de Bracquemond.)

138. Poésies diverses attribuées à Molière recueillies et publiées par P. L. Jacob. *Paris, Alph. Lemerre*, 1869, in-12, br. neuf.

139. David, poëme heroïqve, dedié à Mgr le Chancelier, par le sieur Lesfargves. *A Paris, chez Pierre Lamy*, 1660, in-12, front. gr. maroq. vert foncé, jans. tr. dor. (*Cuyls.*)

140. Contes nouveaux en vers, dediez à S. A. R. Monsieur frère unique du roy. *A Paris, chez Aug. Besoigne*, 1672, pet. in-12, front. gr. maroq. rouge, fil. tr. dor. (*Anc. rel.*)

Recueil rare donné par Saint-Glas.

141. Madrigaux de M. de la Sablière. *A Paris, chez Duchesne*, 1758, in-16, v. ant. fil. (*Armoiries.*)

Exemplaire en papier fort, rare dans cette condition.

142. Les Œuvres de M. Sarazin. *Paris, Nic. Le Gras*, 1685, 2 tomes en 1 vol. in-12, v. f.

143. La Muse mousquetaire, œuvre posthume de M. le chevalier de Saint-Gilles. *Paris, Guill. de Luynes*, 1709, in-12, v. bleu, fil. à froid, tr. dor. (*Piqûres de vers raccommodées, dans la marge.*)

144. Poësies de M. de Bonecorse. *Leide, Théod. Haak*, 1720, pet. in-8, v. m.

145. Recueil des meilleurs contes en vers (de Senecé, Perrault, la Monnoye, Piron, Saint-Lambert, Dorat, Voltaire, etc..., recueillis par Sautereau de Marsy). *Genève et Paris, Delalain*, 1774, in-8, v. m.

146. Œuvres de Madame et Mademoiselle Deshoulières. *Paris, Prault*, 1747, 2 vol. in-12, joli portrait, v. m. fil. dos orné.

147. Fables nouvelles, par M. P*** (Pesselier). *Paris, Prault*, 1748, pet. in-8, frontisp. d'Eisen, v. m.

148. Recueil de poésies diverses (par le P. Ducerceau). *Amsterdam, Pierre Humbert*, 1715, pet. in-8, frontisp. gr. — Les Œuvres de M. Regnier, contenant ses satires et autres pièces. *Amsterdam, Est. Roger*, 1710, frontisp. gr. en 1 vol. pet. in-8, v. f.

Aux armes de Brehant de Plelo.

149. OEuvres complètes de M. le C. de B*** (de Bernis). *Londres*, 1767, 2 tomes en 1 vol. in-12, maroq. rouge, fil. tr. dor. (*Anc. rel.*)

150. Lettres en vers : Lettre de Biblis à Caunus, par Blain de Sainmore. *Paris*, 1766. — Lettre amoureuse d'Héloïse à Abailard... par M. Colardeau. *Paris*, 1766. — Lettre de

Zéila à Valcour. — Lettre de Julie à Ovide. — Réponse de Valcour à Zéila.— Lettre de Gabrielle d'Estrées à Henri IV. — Lettre du comte de Comminges à sa mère. Lettre de Barnevelt. — Lettre de l'abbé de Rancé à un ami. *Paris*, 1765-1866, en 1 vol. préparé pour la reliure.

Avec de jolies figures et vignettes d'Eisen.

151. Poésies, par M. le chevalier de Parny. *A l'Isle Bourbon*, 1778, in-8, v. f. ant. fil. tr. dor.

Édition imprimée par Didot, sur papier vélin fort.

152. Le Pot-pourri, ou préservatif de la mélancolie, contenant la Henriade travestie, la Pipe cassée, et autres poésies diverses. *Genève* (*Paris*, *Cazin*), 1778, pet. in-12, mar. r. fil. rel. anc.

153. OEuvres poissardes de M. Vadé, contenant la Pipe cassée, les Bouquets poissards et galants et les lettres de la Grenouillère, auxquelles on a ajouté le Déjeuné de la Rapée, de M. l'Ecluse, etc... *A la Grenouillère*, 1788, in-18, non rel.

154. Etrennes lyriques, anacréontiques, pour l'année 1788, présentées à Madame (par Cholet de Jetphort). *Paris*, 1788, in-12, figure, mar. r. fil. tr. dor. rel. anc.

155. Théophile Gautier.— Émaux et Camées. *Paris, Poulet-Malassis*, 1858, in-12, demi-rel. dos et coins de maroq. vert, jans. tête dor. n. rog.

Eau-forte gravée.

156. Poésies de François Coppée, 1864-1869. *Paris, A. Lemerre*, 1870, pet. in-12, portrait, mar. r. fil. dos orné, tr. dor.

Exemplaire en papier Whatman, avec une double épreuve du portrait.

157. Sonnets et eaux-fortes. 1869. *Paris*, *Alp. Lemerre*, gr. in-4, pap. de Holl. br couv. de parch.

Belle publication, ornée de cinquante eaux-fortes de divers artistes.

158. Les Contes rémois, par M. le comte de Chevigné, dessins de E. Meissonier. *Paris*, *Mich. Lévy*, 1861, in-8, fig. demi-rel. chag. br. tr. sup. dor. non rog. (*Envoi d'auteur.*)

Cinquième édition.

159. Comte de Chevigné. — Les Contes rémois. *Paris*, *libr. des bibliophiles*, *imp. de Jouaust*, 1871, in-16, br. neuf.

160. Le Guidon de la langue italienne, par Nathanaël Duez, avec trois dialogues italiens et françois. *A Amsterdam, chez Daniel Elzevier*, 1670, pet. in-8, veau fauve ant. fil. tr. dor.

161. Orlando furioso di Ludovico Ariosto. *Parigi, appresso Marcello Prault*, 1768, 4 vol. pet. in-12, portrait, frontisp. gr. et figure par Cochin, v. gran. fil. tr. dor. — Opere varie di Ludovico Ariosto. *Parigi, Mich. Lambert*, 1776, 3 vol. pet. in-12, titre gravé, v. gran. fil. tr. dor.

162. La Gerusalemme liberata di Torquato Tasso. *Londra, presso C. Corrall, a spese di G. Pickering*, 1822, 2 vol. in-64, cart. non rog.

Édition imprimée en caractères microscopiques.

163. Rime di Michelagnolo Buonarroti il vecchio, col comento di G. Biagioli. *Parigi*, 1821, in-8, v. f. à comp. à froid, tr. dor.

Exemplaire en papier vélin.

164. La Vita di Pietro Aretino, scritta dal conte Giammaria Mazzuchelli. *In Padova*, 1741, *appresso Giuseppe Comino*, in-8, portrait, parch.

165. La Vie de Pierre Arétin, par M. de Boispréaux. *La Haye, Jean Neaulme*, 1750, in-12, portrait et figures, v. gran.

166. Amorose Proposte di Francesco Contarini. *In Venetia*, 1601 ; ornements au bas des pages. — Delle rime di Luigi Groto, cieco d'Adria. *In Venetia, appresso Giac. Zoppini*, 1601, — en 1 vol. pet. in-12, v. brun. (*Trou de ver dans la marge du premier ouvrage.*)

Aux secondes armes de J.-Aug. DE THOU.

167. Malmantile racquistato, poema di Perlone Zipoli, con le note di Puccio Lamoni. *In Firenze*, 1688, in-4, frontisp. gr. mar. r. fil. dos et coins ornés, tr. dor. (*Rel. anc. avec armes sur les plats.*)

168. Satire di Salvator Rosa, dedicate a Settono. *In Amsterdam, s. d.*, in-12, vél. bl. de Holl.

Édition imprimée vers 1664.

169. Rime d'Anton. Francesco Rainieri. *In Bologna*, 1712. 2 part. — Rime di Francesco Maria Molza. *In Bologna*, 1713. — Rime del dott. Eustachio Manfredi. *In Bologna*, 1713. — Sonetti e canzoni di Luigi Tansillo. *S. d.* -- Rime d'Angelo di Costanzo. *In Bologna*, 1712, — en 1 vol. in-12, cart.

Recueil NON ROGNÉ, peu commun.

170. Les Saisons, poëme traduit de l'anglais de Thompson. *A Paris, chez Chaubert et Hérissant*, 1759, pet. in-8, figures et vignettes d'Eisen, v. ant. fil. tr. dor.

171. Les Saisons, poëme (par Saint-Lambert). *Amsterdam*, 1771, in-8, frontisp. gr. et figures, non rel.

Outre les figures et vignettes de Le Prince et de Gravelot, qui font partie de l'édition, cet exemplaire contient 19 pièces ajoutées d'après divers artistes, dont un portrait de Saint-Lambert.

172. Les Nuits d'Young, traduites de l'anglois, par M. le Tourneur. *Amsterdam*, 1771, 2 vol. in-12, avec 2 fig. v. m.

THÉATRE.

173. Aristophanis Comœdiæ græce et latine. *Lvgdvni Batavorum, ex officina Joannis Maire*, 1624, 3 vol. pet. in-12, maroq. noir doublé de mar. citr. tr. dor. (*Rel. anc.*)

174. P. Terentii Comœdiæ sex elegantissimæ, cum Donati commentariis, ex optimorum præsertim veterum exemplariorum collatione emendatæ... (per Des. Erasm. Roterod.). *Basileæ, apud Nicol. Brylingerum*, 1548, in-8, v. m. (*Exemplaire grand de marges d'une édition rare.*)

175. Publ. Terentii Comœdiæ sex, ex recensione Heinsiana. *Amstelodami, ex offic. Elzeviriana*, 1661, pet. in-12, frontisp. gr. v. ant.

Hauteur : 129 millimètres. Raccommodage au coin d'un feuillet, enlevant du texte.

176. Publii Terentii Afri Comœdiæ sex, ad optimorum exemplarium fidem recensitæ, accesserunt variæ lectiones... *Lutetiæ Parisiorum, apud Natal. le Loup*, 1753, in-12, figures et vignettes de Gravelot, v. m. fil. dos orné, tr. dor. (*Rel. anc.*)

177. Recueil de farces, soties et moralités du xve siècle. *Paris, Ad. Delahaye*, 1859, in-12, demi-rel. mar. n. rogn.

178. Le Théâtre de P. Corneille et de T. Corneille ; nouvelle édition, augmentée... *Amsterdam, Henry Desbordes*, 1701, 10 vol. pet. in-12, portrait et figures, v. gran.

179. Recueil de pièces de théâtre imprimées par les Elzevier : Cinna, ou la Clémence d'Auguste (par P. Corneille), 1668. — Polyeucte martyr (par P. Corneille), 1668 (sans titre). — Les trois Dorotées, ou le Jodelet souffleté, comédie de M. Scarron, 1668. — Thémistocle, tragi-comédie de P. du

Ryer, 1649. — Les Visionnaires, comédie (par Desmarests), 1668, — en 1 vol. pet. in-12, demi-rel. chag. noir.

Hauteur : 125 millim. La pièce de Polyeucte est en mauvais état.

180. Œuvres de Jean Racine, avec des commentaires par M. Luneau de Boisgermain. *Paris, de l'impr. de Pougin*, 1796, 7 vol. in-8; portrait, figures de Gravelot, v. rac. dent. tr. dor.

A côté du portrait de Racine, on a ajouté en tête du 1er volume celui de Pierre Corneille.

181. Œuvres de Jean Racine. *Londres (Cazin)*, 1782-88, 3 vol. in-12, maroq. rouge, fil. tr. dor. (*Anc. rel.*)

Le tome IIIe porte le titre du tome IIe.

182. Molière. — L'Estourdy, édition originale, réimpression textuelle par les soins de Louis Lacour. *Paris, libr. des bibliophiles*, 1871, in-12, br. neuf.

183. La Vie de Scaramouche, par le sieur Angelo Constantini, comédien ordinaire du roi dans sa troupe italienne, sous le nom de Mezetin. *A Brusselles, chez George de Backer*, 1699, pet. in-12, vélin blanc moderne.

184. Le Franc Bourgeois, comédie, dédiée à S. A. Électorale de Bavière, par G.-T. de Valentin. *Bruxelles, Ant. Claudinot*, 1706, pet. in-8, frontisp. gr. par Harrewyn, v. br.

185. Œuvres de Crébillon. *Paris*, 1772, 3 vol. in-12, portr. veau f.

186. Œuvres meslées de M. de la Grange. *La Haye, chez le Vier*, 1724, pet. in-8, avec 7 jolies vign. en tête par Bleyswyk, v. br.

187. Chefs-d'œuvre dramatiques de Voltaire. *Paris, Léop. Collin*, 1808, 4 vol. in-18, portrait, figures de Macret avant la lettre, mar. r. dent. dos orné, tr. dor.

Joli exemplaire en *papier vélin*.

188. Le Siége de Calais, tragédie, par M. de Belloy, suivie de notes historiques. *Paris, Duchesne*, 1765, in-8, mar. v. dent. tr. dor. (*Rel. anc. avec armoiries.*)

189. Théâtre de Beaumarchais. — Le Mariage de Figaro, avec une notice et des notes par Ch. Beauquier. *Paris, Alph. Lemerre*, 1872, pet. in-12, br.

Exemplaire sur papier de Chine.

190. Orphée aux Enfers, opéra-bouffe de M. Hector Cremieux et J. Offenbach. *Paris, Bourdilliat*, 1860, in-18, papier de Chine, demi-rel. v. f. tête dor. n. rog.

Figures.

191. Della Rosmunda, tragedia di G. Ruccellei. *Londra*, 1737, in-12, v. f.

192. Garrick, ou les Acteurs anglois, ouvrage contenant des observations sur l'art dramatique, sur l'art de la représentation et le jeu des acteurs, traduit de l'anglois. *Paris, chez Lacombe*, 1759, in-12, bas. rouge, tr. dor.

ROMANS.

193. Longus. — Daphnis et Chloé, traduction d'Amyot, compositions d'Emile Lévy, gravées à l'eau-forte par Flameng. *Paris (Jouaust)*, 1872, in-12, br. encadr. fil. roug.

Exemplaire sur papier de Chine, nº 36.

194. Dv Vray et parfait Amour, escrit en grec par Athénagoras, philosophe athénien, contenant les amours honnestes de Théagène et de Chariclée, de Phérécides et de Mélangénie. *Paris, chez Daniel Gvillemot*, 1612, pet. in-12, v. ant.

Fortes mouillures.

195. Titi Petronii Arbitri Satyricon, ejusdemque fragmentum integrum, cum notis Bourdelotii et glossario Petroniano. *Parisiis, apud Claud. Audinet*, 1677, in-12, frontisp. gr. v. gran.

196. Les Contes de Pogge, Florentin, avec introduction et notes par P. Ristelhuber. *Paris, Alph. Lemerre*, 1867, pet. in-12 carré, couv. parch. br.

Ouvrage tiré à 200 exemplaires, devenu rare.

197. L'Eloge de la Folie, traduction nouvelle du latin d'Erasme, par M. Barrett. *Paris, Defer de Maisonneuve*, 1789, in-12, frontispice et figures de Gravelot, v. vert, fil. dos orné. (*Armes.*)

198. Voyage de Nicolas Klimius dans le monde souterrain, contenant une nouvelle théorie de la terre et l'histoire d'une cinquième monarchie inconnue jusqu'à présent, traduit du latin par M. de Mauvillon. *A Copenhague*, 1741, figure, v. ant.

199. Histoire maccaronique de Merlin Coccaie (Th. Folengo), prototype de Rabelais... *Paris, Toussaincts du Bray*, 1606, 2 vol. in-12, v. m. (*Première édition.*)

200. Cy commence le livre de Baudouin, comte de Flandres; et de Ferront, filz au roy de Portingal qu'après fut comte de Flandres. (A la fin :) *Imprimé à Paris, par Michel le*

Noir... lan de grace mil quatre cens quatre vingtz et dix-huit... pet. in-4 goth. nombr. figures sur bois, v. m. fil.

Édition rare, non citée. Mais cet exemplaire est incomplet du titre et des feuillets A VI. De plus un coin de feuillet a été enlevé avec du texte, et à plusieurs feuillets des mots de texte ont été refaits à la plume. Texte fatigué.

201. MABRIAN. (*A la fin :*) *Cy fine la cronicque et excellente histoire du pieux et vaillant chevalier Mabrian... Nouvellement imprimé à Lyon par Olivier Arnoult, le 25 septembre,* 1549, pet. in-4 goth. à longues lignes, fig. sur bois, mar. r. fil. tr. dor.

Cet exemplaire, d'une édition rare, est incomplet du titre; piqûres de vers raccommodées.

202. Le Premier Livre, — le second, — le sixiesme, — le huitiesme, — le neufiesme, — le dixiesme, — et l'onziesme livre d'Amadis de Gaule, traduicts en françoys. *Paris,* 1555-1560 ; ensemble 8 vol. in-8, figures sur bois, diverses reliures en v. m. et en vél. (*Le tome VIII est en double exemplaire.*)

203. Le Second Livre d'Amadis de Gaule,— et le troisiesme, — mis en françois par le seigneur des Essarts Nicolas de Herberay. *Paris, Jan Longis,* 1557, en 1 vol. in-16, v. f. fil. (*Rel. anc.*)

Exemplaire grand de marges, bien conservé.

204. L'Histoire de Primaléon de Grèce, continuant celle de Palmerin d'Olive... naguère tirée tant de l'italien comme de l'espagnol, et mise en notre vulgaire par François de Vernassal, Quercinois. *Lyon, Benoist Rigaud,* 1580-1597, 4 vol. in-16, chagr. r. dos et coins ornés, tr. dor.

Exemplaire trop rogné et dont le titre du premier volume est réemmargé.

205. Les Œuvres de M. François Rabelais. *S. l.* (*Holl.*), 1691, 2 vol. pet. in-12, v. br.

206. Œuvres de maître François Rabelais, publiées sous le titre de faits et dits du grant Gargantua et de son fils Pantagruel. *Amsterdam, H. Bordesius,* 1711, 5 vol. in-12, fig. v. ant. (*Armoiries.*)

207. Œuvres de Rabelais, publiées avec une notice, des notes et un glossaire, par M. Pierre Jannet. *Paris, E. Picard,* 1868, 5 vol. in-12, cart. percal. bleue, n. rog.

208. Les Œvvres de maistre François Rabelais, accompagnées d'une notice sur sa vie et ses ouvrages par Charles Marty-Laveaux. *Paris, Alph. Lemerre,* 1868-73, 3 vol. in-8, br. neuf.

Le tome 1er en deux parties.

209. Thrésor des récréations, contenant histoires facétieuses et honnestes, propos plaisans... *Rouen, David Ferrand*, 1637, in-12, mar. br. fil. tr. dor.

Volume peu commun. Exemplaire trop rogné.

210. La Vraye Histoire comique de Francion, composée par N. de Movlinet, sieur dv Parc, gentilhomme lorrain. *A Rouen et se vend à Paris*, 1663, pet. in-12, v. ant. fil. tr. dorée.

Piqûres de vers raccommodées.

211. La Vraye Histoire comique de Francion, composée par Nicolas de Molinet, sieur du Parc (Charles Sorel, sieur de Souvigny). *Leyde, Henry Drumond*, 1721, in-12, figures, v. gran. fil.

212. Les Œuvres de monsieur Cyrano Bergerac. *Amsterdam, Jacques Desbordes*, 1709, 2 vol. in-12, portrait et figures, v. m.

213. L'Illustre Amalazonthe... par le sieur Des Fontaines (par l'abbé Ceriziers). *Paris, Ant. Robinot*, 1645, 2 vol. in-8, frontisp. gr. à chaque vol. v. m. (*Avec une clef manuscrite du temps et une clef imprimée.*)

Les deux titres sont un peu trop rognés.

214. Cassandre, roman (par La Calprenède). *Paris, Paulus du Mesnil*, 1652, 3 vol. in-12, v. m.

Aux armes du duc et prince de Bournonville.

215. Histoire amoureuse des Gaules, par M. Roger, comte de Bussy-Rabutin. *A Bruxelles, chez François Foppens*, 1668, in-12, v. citron, tr. marbr. (*Armoiries et chiffres.*)

Le titre est refait.

216. L'Espion du Grand-Seigneur et ses relations secrètes, envoyées au Divan de Constantinople, et découvertes à Paris pendant le règne de Louis le Grand, traduites de l'arabe en italien par le sieur Jean-Paul Marana, et de l'italien en françois par ***. *Amsterdam, H. Wetstein*, 1684, pet. in-12, non rel.

217. Les Aventures de Télémaque, fils d'Ulysse, par M. de Fénelon, par ordre de Mgr le comte d'Artois. *A Paris, de l'impr. de Didot l'aîné*, 1781, 4 vol. in-16, figures de Le Fèvre, jolie demi-rel. dos et coins de mar. rouge du Lev. dos ornés à petits fers, fil. tête dor. n. rog. (*Allô.*)

Cette édition, aussi recherchée qu'elle est devenue rare, est la première qu'ait donnée Didot l'aîné, et n'a été tirée qu'à 300 exemplaires.

218. Critique générale des Aventures de Télémaque (par Gueudeville). *Cologne, les héritiers de Pierre Marteau*, 1700, 3 part. en 1 vol. in-12, v. m. fil.

219. Pluton maltotier, nouvelle galante. *Cologne, chez Adrien l'Enclume*, 1708, in-12, cart. n. rog.

220. Arioviste, histoire romaine, par Mlle de la Roche-Guilhen, divisée en six parties. *A la Haye, chez Abraham Troyel*, 1697, in-12, mar. r. à comp. tr. dor.

Ancienne reliure fatiguée.

221. Dernières Œuvres de mademoiselle de la Roche-Guilhen, contenant plusieurs histoires galantes. *A Amsterdam, chez P. Market*, 1708, pet. in-12, front. gr. vélin bl. moderne, titre calligr.

222. Histoire de Marguerite de Valois, reine de Navarre, par Mlle de la Force. *Paris, de l'impr. de Didot l'aîné*, 1783, 6 vol. in-12, v. gran. fil. dos orné.

223. La Tirannie des fées détruite, nouveaux contes par Mme la comtesse D. L. *Amsterdam, M.-M. Rey*, 1752, in-12, fig. v. m.

224. Mémoires du comte de Grammont, par le C. Antoine Hamilton. *S. l.*, 1749, 2 tom. en 1 vol. pet. in-12, v. ant. fil. tr. dor.

225. Histoire de Fleur d'Épine, conte, par le C. Antoine Hamilton. *S. l.* (*Paris*), 1749, in-12, non rel.

Première édition.

226. Gomgam, ou l'Homme prodigieux transporté dans l'air, sur la terre et sous les eaux (par l'abbé Bordelon). *A Paris, chez la veuve Saugrain*, 1711, in-12, vélin bl. moderne, titre calligr.

227. Adélaïde de Messine, nouvelle historique, galante et tragique. *Amsterdam, l'Honoré et Chatelain*, 1722, in-12, figures, v. br.

228. Le Chef-d'œuvre d'un inconnu, poëme heureusement découvert et mis au jour, avec des remarques savantes, par le Dr Chrisostome Matanasius (par Themiseul de Saint-Hyacinthe). *La Haye, Pierre Husson*, 1732, 2 vol. pet. in-8 avec 2 portr. et figures, v. m.

229. Tanzaï et Néardané, histoire japonaise (par Crébillon fils). *A Pékin* (*Paris*), 1734, 2 vol. in-12, v. f. (*Première édition.*)

230. Le Temple de Gnide (par Montesquieu). *Londres, s. d.*, in-8, figures d'Eisen, demi-rel. dos et coins de v. f. fil. tr. dorée.

Exemplaire auquel on a joint une suite de figures de Monnet.

231. Histoire du chevalier Des Grieux et de Manon Lescaut, par l'abbé Prévost. *Paris, Alph. Lemerre,* 1870, pet. in-12, br. (*Eau-forte de Bracquemont.*)

232. Candide, ou l'Optismisme, traduit de l'allemand de M. le Dr Ralph. *S. l.*, 1759, in-12, v. ant.

Édition originale.

233. Contes, aventures et faits singuliers, etc., recueillis de M. l'abbé Prévost. *Londres et Paris, Duchesne,* 1764, 2 vol. in-12, v. f. dos orné.

Exemplaire de Soubise.

234. Contes moraux, par M. Marmontel. *Paris, J. Merlin,* 1765, 3 vol. in-12, portraits, frontispices et figures de Gravelot, v. éc. fil. dos orné.

235. Œuvres badines et morales de M. Cazotte. *Londres,* 1788, 7 vol. pet. in-12, fig. demi-rel. v. f. dos orné, tête dor. n. rog.

236. Olivier, poëme, par Cazotte. *Paris, de l'impr. de Pierre Didot l'aîné, an VI* (1798), 2 vol. in-8, jolies figures de Lefèvre, v. gran. fil. tr. dor. (*Rel. anc.*)

Bel exemplaire en *papier vélin.*

237. Zélomir, par Morel de Vindé. *Paris, de l'imp. de P. Didot l'aîné, chez Bleuet,* 1801, in-18, cart. dos de toile, non rogné.

Exemplaire en *papier vélin*, avec de jolies figures de Lefebvre.

238. Gustave Flaubert. Madame Bovary. *Paris, Mich. Lévy,* 1857, in-12, br.

Papier fort. Édition originale.

239. Contes et nouvelles de Boccace, traduction libre. *La Haye, P. Gosse et J. Neaulme,* 1733, 2 vol. in-12, portrait remonté, v. f.

Aux armes du duc de Mortemart.

240. Contes de J. Boccace, traduction nouvelle (Ant. le Maçon, mise en français moderne par Sabatier de Castres). *Londres,* 1779, 10 vol. in-12, frontisp. gr. figures de Gravelot, non rel. (*Préparé pour la reliure.*)

241. Le Philocope de messire Jean Boccace, Florentin, contenant l'histoire de Fleury et Blanchefleur, divisé en sept livres, traduits d'italien en françois, par Adrian Sevin. *Paris, Vincent Norment,* 1575, pet. in-16, v. f. dos orné. (*Trop rogné en tête.*)

242. Le Songe de Boccace, traduit d'italien en françois, par M. de P*** (de Prémont). *Paris, veuve Barbin, Pierre Huet,* 1715, in-12, v. br.

243. Vida y hechos del ingenioso hidalgo Don Quixote de la Mancha, compuesto por Miguel Cervantes Saavedra. *En Haia, P. Gosse y A. Moetjens*, 1744, 4 vol. pet. in-8, fig. grav. par Folkema, v. m. fil. dos orné.

244. Don Quichotte de la Manche, traduit de l'espagnol de Michel Cervantes, par Florian. *Paris, Deterville, de l'impr. de P. Didot l'aîné, an VIII* (1799), 3 vol. in-8, figures de Lefèvre, bas. écaille, dos orné.

245. Le Conte du Tonneau, par Jonathan Swift, traduit de l'anglois. *Lausanne et Genève, M.-M. Bousquet*, 1756, 3 vol. in-12, frontisp. gr. et figures, v. gran.

246. Les Souffrances du jeune Werther, par Gœthe, traduction nouvelle (par le comte de la Bédoyère). *Paris, P. Didot*, 1809, in-8, v. rose, orn. à froid, tr. dor.

Exemplaire en papier vélin avec les trois vignettes de Moreau avant la lettre.

FACÉTIES.

247. Nebulo nebulonum; hoc est jocoseria, modernæ nequitiæ censura, qua hominum sceleratorum fraudes, doli ac versutiæ ærique exponuntur publice : carmine iambico metro adornata a Joanne Flitnero. *Francofurti, apud Jacob de Zetter*, 1620, pet. in-8, tit. gr. et figures, veau gran. fil.

248. Desid. Erasmi Roterod. Colloquia familiaria, notis novis illustrata. *Dublini, typis Aaron Rhami*, 1712, in-12, mar. r. compart. dos orné, tr. dor. (*Anc. rel. hollandaise.*)

249. Ragionamenti de M. Agnola Firenzuol, Florentino. *In Venetia, G. Griffo*, 1552, pet. in-12, 5 pièces en 1 vol.

250. Hexameron, ov six iovrnées, contenant plvsieurs doctes discours sur aucuns points difficiles en diverses sciences auec maintes histoires notables et non encore ouyes, fait en hespagnol par Antoine de Torquemada, et mis en françois par Gabriel Chappuys, Tourangeau. *Paris*, 1588, pet. in-16, v. f. ant.

Très-rogné, piqûres et mouillures.

251. Hexaméron rustique, ou les six journées passées à la campagne entre des personnes studieuses (par la Mothe le Vayer). *Cologne, Pierre Brenussen*, 1671, pet. in-12. v. f. (*Piqûres d'humidité.*)

252. Le Cercle, ou conversations galantes (par Brémond). *Sur la copie imprimée à Paris*, 1675, pet. in-12, parch. (*Taches d'humidité.*)

253. LIII Arrests d'amours (par Martial d'Auvergne). Aresta amorum, accuratissimis Benedicti Curtii Symphoriani commentariis... le tout diligemment reveu et corrigé. *Rouen, Thom. Mallard*, 1587, in-16, v. f. (*Quelques feuillets sont un peu trop rognés sur le côté. Déchirure au coin d'un feuillet.*)

Édition assez recherchée.

254. De l'Egalité des deux sexes, discours politique et moral... (par François Poullain de la Barre et Frelin). *Paris, Ant. Dezallier*, 1679, 2 vol. in-12, v. br.

Exemplaire portant sur le dos de la reliure les armes du grand DAUPHIN, fils de Louis XIV.

255. Le Tableau des piperies des femmes mondaines, où, par plusieurs histoires, se voyent les ruses et artifices dont elles se servent. *Cologne, chez P. du Marteau*, 1686, in-12, demi-rel. dos et coins de maroq. rouge, tête dor. n. rog.

Réimpression d'un ouvrage très-piquant faite par les soins de A. Mertens à Bruxelles (1866). Un des dix exemplaires sur chine; celui-ci porte le n° 1.

256. De l'Excellence des hommes, contre l'égalité des sexes, par le sieur F.-S. de la Barre. *Paris, J. du Puis*, 1690. — Dissertation ou Discours pour servir de troisième partie au livre de l'Égalité des deux sexes... *Paris, J. du Puis*, 1690 ; — en 1 vol. in-12, vél.

257. Les Yeux et le Nez, ouvrage curieux et galant composé pour le divertissement d'une certaine dame de qualité, par J.-P. N. du C. dit V. *Amsterdam*, 1716-17, 2 ouvr. en 1 vol. in-12, v. ant. (*Armoiries.*)

258. Histoire poétique de la guerre nouvellement déclarée entre les anciens et les modernes (par de Callières). (*Sur la copie imprimée à Paris*). *Amsterdam, P. Savouret*, 1688, in-12, demi-rel. chagr. vert, fil. tr. dor.

259. Ménagiana (ou les bons mots, les pensées, critiques, etc.... de Gilles Ménage). *Paris, Delaulne*, 1693, in-12, demi-rel. v. f.

260. L'Art de plumer la poule sans crier. *Cologne, chez Robert le Turc*, 1710, in-12, v. m. dos orné.

261. L'Eloge de l'yvresse (par de Sallengre). *La Haye, Adr. Moetjens*, 1715, in-12, frontisp. gr. v. br.

262. Cinq Dialogues faits à l'imitation des anciens, par Oratius Tubero (la Mothe le Vayer). *Francfort, Jean Savius*, 1716, 2 vol. in-12, v. m. fil. dos orné.

263. Amusemens sérieux et comiques, ou nouveau recueil de bons mots, de railleries fines, de pensées ingénieuses

et délicates, de bons contes et d'avantures plaisantes. *A la Haye*, 1719, in-8, v. gr. fil.

264. L'Eloge de Rien, dédié à Personne, avec une postface (par L. Coquelet). *Paris, Ant. de Heuqueville*, 1730, in-12, v. gran. fil.

265. Cymbalum mundi, ou Dialogues satyriques sur différents sujets, par Bonaventure des Perriers. *Amsterdam*, 1711. — Contes et nouvelles et joyeux devis (par le même). *Amsterdam*, 1711, 2 vol.— Ens. 3 tom. en 1 vol. pet. in-12, v. ant.

266. Cymbalum mundi, ou Dialogues satyriques sur différents sujets, par Bonaventure des Périers, avec la critique de cet ouvrage, par Prosp. Marchand. *Amsterdam, P. Marchand*, 1732, in-12, frontisp. gr. et figures par B. Picart, v. gran. fil.

267. Anecdotes galantes et tragiques de la cour de Néron (attribué à Castre d'Auvigny.) *Amsterdam*, 1735, in-12, veau f.

268. Mémoires de l'Académie des colporteurs (par le comte de Caylus). *De l'impr. ordinaire de l'Académie*, 1748, pet. in-8, avec figures, v. gran. fil.

269. Les Etrennes de la Saint-Jean (par le comte de Maurepas, le président de Montesquieu, le comte de Caylus), Moncrif, Crébillon fils, Sallé, la Chaussée, Duclos d'Armenonville, et l'abbé de Voisenon. *A Troyes, chez la veuve Oudot*, 1751, in-12, v. ant.

Exemplaire tiré sur papier fort, portant les *ex libris* manuscrits du *duc de Lauraguais* et de *Boissonade*.

ÉPISTOLAIRES, POLYGRAPHES ET COLLECTIONS.

270. Recueil des lettres de Mme la marquise de Sévigné à Mme la comtesse de Grignan, sa fille. *Paris, Nicolas Simart*, 1734, 4 vol. in-12, mar. r. fil. tr. dor. (*Rel. anc.*)

Les tomes 2, 3 et 4 portent sur le titre un timbre aux armes du duc d'Orléans. Le tome 1er est en reliure plus moderne que les autres volumes.

271. Les Lettres de messire Roger de Rabutin, comte de Bussy. *Paris, Flor. Delaulne*, 1706, 4 vol. in-12, v. br.

272. Œuvres complètes de la Fontaine, publiées d'après les textes originaux, accompagnées de notes... par Ch. Marty-Laveaux. *Paris, P. Jannet*, 1857-1860, 4 vol. in-16, papier vergé, cart. en percal. non rog.

Le tome 2 est en double et le tome 1er manque.

273. Scarron. Volumes séparés de l'édition elzévirienne de 1668 : Les Œuvres, tome Ier, 1 vol. (128 *millim.*). — Typhon, le Jodelet ou le Valet, le Jodelet duelliste, l'Héritier ridicule, en 1 vol. (*Bel exempl.* 134 *millim.*). — Les Dernières Œuvres, tome Ier, 1 vol. (*Bel exempl.* 134 *millim.*) — Les Dernières Œuvres, tome Ier, 1 vol. (128 *millim.*). — Ensemble 4 vol. pet. in-12, vél. et v. br.

274. Les Nouvelles Œuvres tragi-comiques de M. Scarron.... *Paris, Jean Ribou*, 1665-1679, 2 vol. pet. in-12, v. f.

275. Les Œuvres de M. Fouquet, ministre d'Etat, contenant son accusation, son procez et ses défenses, contre Louis XIV. *Paris, veuve Cramoisy*, 1696, 16 vol. pet. in-12, v. f. dos orné. (*Rel. anc.*)

Recueil intéressant pour l'histoire du règne de Louis XIV, et difficile à trouver complet. Armes sur les plats.

276. Les Harangues ou Discours académiques de Jean-Baptiste Manzini. *Paris, J. Cottin*, 1670, in-12, demi-rel. dos et coins de v. rouge, fil. tr. dor. (*Quelques raccommodages.*)

277. Recueil des œuvres de Mme du Boccage... augmenté de l'imitation en vers du poëme d'Abel. *Lyon, les frères Perisse*, 1770, 3 vol. in-8, frontisp. gr. v. gran. dent. tr. dor.

278. Œuvres diverses de Pope, traduites de l'anglais (par différents auteurs, publiées par Elie de Joncourt). *Amsterdam et Leipzig, chez Arkstée et Merkus*, 1767, 8 vol. in-12, figures, frontisp. gr. et portrait, v. m. fil. dos orné, tr. dor. (*Bel exemplaire.*)

279. Bibliothèque volante, ou élite de pièces fugitives, par le sieur J.-G. J. D. M. (attribué à J.-G. Jolli, docteur médecin). *Amsterdam, Daniel Pain*, 1700, pet. in-12, v. br. (*Peu commun.*)

280. De la Collection Cazin : 16 vol. in-18, avec portraits ou figures au commencement de chaque volume, non reliés. (*Préparés pour la reliure.*)

Contes de La Fontaine. 1778, 2 vol. — Œuvres du cardinal de Bernis. 1777, 2 vol. — Œuvres choisies de (J.-B.) Rousseau. 1777, 2 vol. — De la Sagesse, par P. Charron. 1777, 3 vol. — Lettres d'Héloïse et d'Abeilard. 1777, 2 vol. — Poëmes et poésies de Voltaire. 1777, 2 vol. — Les Baisers de Dorat. 1777, 1 vol. — Œuvres de Bernard. 1777, 1 vol. — Œuvres de Boufflers. 1777, 1 vol.

281. De la Collection des meilleurs ouvrages de la langue française, dédiée à Son Altesse Mme la Duchesse d'Angoulême. — Zayde, histoire espagnole, 2 vol. — Le Siége de Calais. — Contes d'Hamilton, 3 vol. — Mémoires du comte

de Grammont, 2 vol. — La Princesse de Clèves, 2 vol. — *Paris, Didot,* 1815, 10 vol. in-12, papier vélin br.

282. De la petite collection publiée par Didier et Lévy, à la Libr. nouvelle. *Paris,* 1852-1853, 11 vol. in-32, demi-rel. chagr. v. dos orné, tr. dor. et brochés.

Ouvrages de Lamartine, Alph. Karr, Gérard de Nerval, Léon Gozlan, Murger, A. Houssaye, Balzac et Méry.

283. Bibliothèque originale. *Paris, René Pincebourde,* 8 vol. pet. in-12 br.

284. Bibliothèque elzévirienne. *Paris, P. Jannet,* 1854-57, 7 vol. in-12 cart. n. rog.

La Nouvelle Fabrique des excellents traits de vérité. — Le Chevalier de la Tour Landry.— Les Quinze Joies de mariage.— Les Evangiles des quenouilles. — Les Caquets de l'accouchée. — Jehan de Paris (Picart, 1867). — Catalogue raisonné.

285. Bibliothèque récréative, contes, lettres, dialogues, satires, facéties, écrits en français ou traduits du latin, publiés par V. Develay. *Paris, Jouaust,* 1865-1872, 34 vol. petit in-32.

Édition diamant sur papier vergé, plusieurs ouvrages accompagnés de vignettes.

HISTOIRE.

HISTOIRE ANCIENNE.

286. Compendium geographicum, succincte methodo adornatum, opera et studio Abrah. Golnitz. *Amstelodami, apud Ludov. Elzevirium,* 1643, pet. in-12, frontisp. gr. vél. (*Mouillures.*)

Hauteur : 129 millimètres.

287. Ant. Bynæi de calceis Hebræorum libri II. *Dordraci,* 1682, in-12, v. f. figures.

Exemplaire aux armes de Bignon et avec l'*ex libris* de Mich. de Verthamon.

288. Histoire des nevf livres de Herodote d'Alicarnasse, prince et premier des historiographes grecs, intitulez du nom des

Muses, traduict de grec en françois par Pierre Sarliat. *A Paris, chez Claude Micard*, 1580, pet. in-16, v. f. ant. fil. tr. dor.

289. Diodori Siculi Bibliothecæ historicæ libri XVII. *Apud Seb. Gryphium, Lugd.*, 1552, pet. in-12, mar. r. anc. (*Trop rogné en tête.*)

290. Quinte-Curce, de la vie et des actions d'Alexandre le Grand, de la traduction de M. de Vaugelas, avec les suppléments de Freinshemius, traduits par M. du Rier. *La Haye, Albert et Van der Kloot*, 1727, 2 vol. pet. in-8, frontisp. gr. et figures, v. f. dos orné. (*Bonne rel. anc.*)

291. Histoire de Laïs, courtisane grecque, avec des anecdotes sur quelques philosophes de son tems (par Legouz de Gerland). *Paris, Jorry*, 1756, 2 part. en 1 vol. in-12, v. m.

292. Titi Livii historiarum libri, ex recensione J. F. Gronovii. *Lugd. Batavoram, ex offic. Elzeviriana*, 1654, 1634 et 1653, 3 vol. pet. in-12, vél.

Les volumes de cet exemplaire portent chacun une date différente : le 1er est daté de 1654, le 2e de 1634 et le 3e de 1653. Hauteur : 129 millimètres.

293. L. Annæi Flori rerum romanarum libri quatuor annotationibus.... instar commentarii illustrati, auctore Johanne Minellio. *Roterodami, typ. Regneri Leers*, 1698, pet. in-12, frontisp. gr. mar. r. fil. dos et coins ornés, tr. dor. (*Rel. anc.*)

294. C. Corn. Tacitus ex J. Lipsii editione, cum not. et emend. H. Grotii. *Lugduni Batav., ex offic. Elzeviriana*, anno 1640, 2 vol. pet. in-12, frontisp. gr. et portr. v. m.

Jolie édition. Hauteur de cet exemplaire : 129 millim. Quelques taches légères.

HISTOIRE DE FRANCE.

295. L'Histoire mémorable des expéditions depuys le déluge faictes par les Gauloys jusques en Asie... A la fin est l'apologie de la Gaule, par Guill. Postel. *Paris, Sébastien Nivelle*, 1552, in-16, v. marbr.

Rare et estimé. Exemplaire un peu court en tête.

296. Les Augustes Représentations de tous les roys de France, depuis Pharamond jusqu'à Louis XIIII, dit le Grand.... avec un abrégé historique sous chacun, en 65 portraits, gravés par de Larmessin. *Paris, F. Hurand*, 1711, in-4, portraits, v. br.

Recueil de 64 portraits et d'un frontispice.

297. La Vie au temps des trouvères, croyances, usages et mœurs intimes des XIe, XIIe et XIIIe siècles, par Antony Méray. *Paris et Lyon, A. Claudin*, 1873, in-8, br.

Exemplaire en papier de Hollande.

298. Mémoires de messire Philippe de Commines, seigneur d'Argentan... augmentez par Denys Godefroy. *A Brusselle, Fr. Foppens*, 1704-1706, 4 vol. in-8, avec portraits, v. br.

299. Histoire de Louis XI, par M. Duclos. *Paris, les frères Guérin*, 1745, 3 vol. in-12, portrait, v. m.

300. Histoire de Pierre Terrail, dit le chevalier Bayard..., par M. Guyard de Berville, *Paris, de Hansy*, 1772, in-12, v. gran.

301. Mémoires de la reyne Margverite (publiés par Mauléon de Granier). *A Paris, chez Clavde Barbin*, 1661, pet. in-12, v. ant. (*Armoiries.*)

302. Mémoires d'Estat, par M. de Villeroy, conseiller d'Estat et secrétaire des commandemens de Charles IX, Henry III, Henry IV et Louis XIII. *Sedan, jouxte la copie impr. à Paris, par Jean Houzé*, 1622-1623, 4 vol. rel. en vél. vert. (*Quelques mouillures.*)

303. Discours merveilleux de la vie, actions et deportemens de la roine Catharine de Médicis (attribué à Henri Estienne). *La Haye, Adrien Vlacq, jouxte la copie impr. à Paris* (*elzev.*), 1663, pet. in-12, non rel.

Hauteur : 121 millimètres.

304. Histoire de Jean de Bourbon prince de Carency, par l'auteur des Mémoires et voyages d'Espagne. *A Luxembourg, chez André Chevalier*, 1704, in-12, cuir de Russie, dent. à comp. tr. dor.

305. Examen dv discovrs pvblié contre la maison royale de France et particulièrement contre la branche de Bourbon, seul reste d'icelle, sur la loy salique, et succession du royaume, par un catholique apostolique romain, mais bon François, (par Pierre de Belloy). *Imprimé nouuellement* (*Paris*), 1587, pet. in-8, v. f. ant. fil. (*Armoiries.*)

Rare.

306. Recueil de diverses pièces servant à l'histoire de Henry III, roi de France et de Pologne. *Cologne, Pierre du Marteau*, 1663, pet. in-12, non rel. (*Préparé pour la reliure.*)

307. Recueil de diverses pièces servant à l'histoire de Henry III, roi de France et de Pologne. *A Cologne* (*à la

Sphère), chez Pierre du Marteau, 1666, pet. in-12, maroq. viol. jans. tr. dor. fil. et dent, int. (*Duru.*)

126 millimètres.

308. Mémoires dv dvc de Rohan, sur les choses advenues en France depuis la mort de Henry le Grand, augmentée d'un quatriesme livre et de divers discours politiques du même auteur. *S. l.*, 1646, pet, in-12, v. ant.

Édition qui se joint à la collection des Elzeviers. Hauteur : 133 mill.

309. Satyre Ménippée de la vertu du catholicon d'Espagne, et de la tenue des états de Paris... (par Rapin, Passerat, Pithou, Florent Chrestien, et autres). *S. l.*, 1600, in-12, 3 portr. sur bois, v. br. (*Mouillures et défaut de papier au coin d'un feuillet.*)

Édition peu commune avec un supplément.

310. Satyre Ménippée de la vertv du catholicon d'Espagne et de la tenue des estats de Paris. *A Ratisbonne, chez Mathias Kerver* (*à la Sphère*), 1664, pet. in-12, v. ant. fil. t. dor.

Avec la procession de la Ligue. 129 mill.

311. Satyre Ménippée de la vertu du catholicon d'Espagne et de la tenue des estats de Paris... avec des remarques et explications (par Pierre Dupuy). *Ratisbonne, Math. Kerver,* 1664, petit in-12, v. gran. double fil. tr. dor.

Jolie édition, imprimée à Bruxelles par Foppens. Seconde édition sous cette date. Avec la figure de la procession de la Ligue.

312. Arrests donnez en la cour des Aydes, contre les nobles qui ne font service au roy. *Paris, Jannet Mettayer*, 1595, pet. in-8, de 14 pages, cart.

313. Mémoires, ou œconomies royales d'Etat, domestiques, politiques et militaires de Henri le Grand, par Maximilien de Bethune, duc de Sully. *Amsterdam*, 1725, 12 vol. in-12, v. br.

314. Les Amours de Henri IV, roy de France, avec ses lettres galantes et les réponses de ses maîtresses. *Cologne,* 1695, frontisp. — Les Amours d'Horace (par de Solignac). *Cologne, Pierre Marteau,* 1728, frontisp. gr. en 1 vol. in-12, v. br.

315. Mémoire de Marguerite de Valois, publiés avec notes par Ludovic Lalanne. — Les Cent Nouvelles nouvelles, avec introduction et notes par M. Thomas Wright. *Paris, P. Jannet,* 1858, 3 vol. in-12, cart. n. rog.

316. Mémoires du comte de Pontchartrain, ministre et secrétaire d'Etat, sous la régence de la reine Marie de

Médicis. *La Haye, Jean Van Duren*, 1729, 2 tomes en 1 vol. pet. in-8, vél.

317. Advis av Roy, par nosseigneurs les princes et peuples de France, sur les affaires de ce temps. *S. l.*, 1627, plaq. in-12, de 22 pag. demi-rel. maroq. brun.

318. Mémoires du cardinal de Richelieu... *Goude*, 1650. — Journal de M. le cardinal duc de Richelieu... de 1630 à 1644. *S. l.*, 1649. — Procès de MM. de Cinq-Mars et de Thou... *S. l. n. d.*, en 1 vol. pet. in-12, mar. r. fil. tr. dor.

319. Histoire du ministère d'Armand-Jean du Plessis, cardinal duc de Richelieu, sous le règne de Louis le Juste, XIII du nom, roy de France et de Navarre... (par Charles Vialart, évêque d'Avranches). *A Amsterdam, Abr. Wolfgang*, 1664, 3 vol. pet. in-12, portrait, demi-rel. mar. r.

320. L'Histoire du cardinal duc de Richelieu, par le sieur Aubery. *Cologne, Pierre Marteau* (*à la Sphère*), 1666, 2 vol. — Mémoires pour l'histoire du cardinal duc de Richelieu, recueillis par le même. *Cologne, Pierre Marteau*, 1667, 5 tomes en 7 vol. — Ensemble 9 vol. pet. in-12, v. br.

Sur le premier volume se trouve la signature d'Anquetil du Perron.

321. Mémoires de M. de Montresor; diverses pièces durant le ministère du cardinal de Richelieu; relation de M. de Fontrailles; affaires de MM. le comte de Soissons, ducs de Guise et de Bouillon, etc... *Leyde, J. Sambix* (*à la Sphère*), 1665, 2 vol. pet. in-12, demi-rel. v. f.

322. Les Affaires qui sont aujourd'huy entre les maisons de France et d'Avstriche (1648). *Iouxte la copie imprimée ès Pais-Bas. A Paris, chez la vefve Th. Pepingvé*, 1649, in-12, v. ant. fil. tr. r.

323. Cinq Pièces sur la Fronde. — La France mourante. — La France en convalescence, 1624. — La France revenant en santé..., 1625. — La France hors du tombeau, 1626. — Saint Michel gardien de la France, 1624. En 1 vol. pet. in-8, v. f. fil. dos orné. (*Rel. du temps.*)

Déchirure à la marge d'un feuillet.

324. Mémoires de la minorité de Loius XIV... (ou Mémoires de la Rochefoucauld). *Amsterdam*, 1723, 2 vol. pet. in-12, v. gran.

325. Traitté de la politique de France, par M. P. M. marquis de C. (Paul Hay de Chatelet). Reveu, corrigé et augmenté d'une seconde partie. *A Utrecht, chez Pierre Elzevier* (*à la Sphère*), 1670, avec quelques réflexions sur ce traité, par le sieur l'Armegregny (P. Dumoulin le jeune). *Cologne*,

chez Pierre Marteau (à la Sphère), 1670. — Ens. 2 parties en 1 vol. in-12, v. f. ant. fil. et dent. à comp. tr. dor. (*Bozérian J.*)

133 millimètres.

326. Histoire amoureuse des Gaules, par le comte de Bussi-Rabutin. *Londres*, 1777, 5 vol. pet. in-12, der.

327. Histoire du P. la Chaize, jésuite et confesseur du roy Louis XIV. *A Cologne, chez Pierre Marteau*, 1696, 2 vol. in-12, portrait maroq. rouge fil. tr. dor. (*Anc. rel.*)

Violente satire contre le père Lachaise et les Jésuites ; il est très-difficile de trouver la seconde partie.

328. La France sans bornes, comment arrivée à ce pouvoir suprême et par la faute de qui. *Cologne, Pierre Marteau*, 1684, petit in-12, non rel. (*Rare.*)

329. La Cour de France turbanisée et les trahisons démasquées, par M. L. B. D. E. D. E. *Cologne, Pierre Marteau*, 1686, pet. in-12, v. m. fil.

330. Les Gazettes de Hollande, et la presse clandestine aux XVIIe et XVIIIe siècles, par Eug. Hatin. Eau-forte de Ulm. *Paris, René Princebourde*, 1865, in-8, br. exempl. en gr. pap. de Holl.

331. Vins à la mode et cabarets au XVIIe siècle, par Alb. de la Fizelière. — De l'Origine du théâtre à Paris, par P. Milliet. — La Prophetie du roy Charles VIII. — Les Amours du cardinal de Richelieu, roman inédit de l'Hôtel de Rambouillet. — La Princesse de Guéménée dans le bain. — Les Fils de leurs œuvres, par Georges d'Heilly. — Ens. 6 vol. et br. in-12.

332. Recueil de divers ouvrages faits à la gloire de Mgr le Dauphin, sur la prise de Philisbourg. *S. l. n. d.*, pet. in-12 de 84 pages, vélin blanc de Holl. (*Aux armes de France, coins fleurdelisés.*)

333. L'Alcoran de Louis XIV, ou le testament politique du cardinal Jules Mazarin, traduit de l'italien (par Sandras de Courtilz). *Roma, in casa di Ant. Maurino*, 1695, pet. in-12, vél.

Ouvrage intéressant et peu commun.

334. Mémoires de la Régence (par le chevalier de Piossens); nouvelle édition, considérablement augmentée (par Lenglet du Fresnoy). *Amsterdam*, 1749, 4 vol. in-12, avec portraits, v. m.

335. Faits des causes célèbres et intéressantes, augmentés de quelques causes (par de Garsault). *Amsterdam, Chastelain*, 1757, in-12, v. m. (*Armes.*)

336. Parallèle de la conduite du roi avec celle du roi d'Angleterre électeur de Hanovre. *A Paris, de l'Impr. royale*, 1758, in-8, v. f. fil. tr. dor.

337. Ordre chronologique des deuils de cour, qui contient un précis de la vie et des ouvrages des auteurs qui sont morts dans le cours de l'année 1765, suivi d'une observation sur les deuils. *Paris*, 1766, pet. in-12, v. ant.

Armoiries.

338. Mémoires de madame la marquise de Pompadour, écrits par elle-même. *Liége*, 1766, 2 vol. in-12, v. f. dos orné.

339. Mémoires et Journal inédit du marquis d'Argenson..., publiés et annotés par M. le marquis d'Argenson. *Paris, P. Jannet*, 1857-58, 5 vol. in-16, pap. vergé, cart. non rog. (De la *Bibliothèque elzévirienne.*)

340. Mémoires historiques sur la négociation de la France et de l'Angleterre depuis le 26 mars 1761 jusqu'au 20 septembre de la même année, avec les pièces justificatives. *A Paris, de l'Impr. royale*, 1761, in-8, v. ant.

Aux armes de Jean de Boullongne, comte de Nogent.

341. Vie de Marie-Antoinette, reine de France et de Navarre... par J.-B.-M.-J. Meslé. *Paris, s. d.*, in-8 de 108 pages, portrait, cart. non rog. (*Seconde édition.*)

HISTOIRE ÉTRANGÈRE.

342. Histoire de la rébellion et des guerres civiles d'Angleterre, depuis 1641 jusqu'au rétablissement du roy Charles II, par Edward, comte de Clarendon. *La Haye, L. et H. Van Dole*, 1704-1709, 6 vol. in-12, portrait à chaque volume, v. f. (*Piqûre de vers en bas du 2e volume.*)

Aux armes de François de Chateauneuf, alors évêque de Noyon et depuis archevêque de Lyon.

343. Histoire des révolutions d'Angleterre, depuis le commencement de la monarchie, par le Père d'Orléans. *Amsterdam*, 1766, 2 vol. in-12, portr. et cartes, v. m.

344. La Vie d'Olivier Cromwell. *Amsterdam, Ant. Schelte*, 1694, 2 vol. in-12, portrait, v. f. fil. dent à froid, dos orné.

345. La Vie dv général Monk, dvc d'Albemarle, etc., traduite de l'anglois de Thomas Gvmble. *A Londres, chez Robert Scot*, 1672, in-12, v. f. ant. fil. tr. dor.

Livre recherché, imprimé en Hollande et qui s'annexe à la collection des Elzevier. Reliure de Herring. Le titre est doublé.

346. Schynvoets Munt-Kabinet, der roomsche Keizers en Keizerinnen, in vaazzen beschreeven door Abraham Bogaërt. *Te Amsteldam*, 1695, in-12, figures de médailles dans le texte, v. gran. fil. (*Rel. anc.*)

Exemplaire portant l'*ex libris* de Denis Secousse.

347. Historia degli Uscochi, scritta da Minucio Minuci, co i progressi della gente, sino all' anno 1602. In-4, maroq. bl. tr. dor.

Avec deux suppléments. Bel exemplaire.

348. Relation de la condvite présente de la covr de France, adressée à un cardinal à Rome, par un seigneur romain, de la suite de son Em. Mgr le cardinal Flavio Chigi, légat du Saint-Siége vers le roy très-chrestien, traduite d' italien en françois. *A Cologne, chez Iacqves Neelson, à la Palme*, 1665, pet. in-12, demi-rel. v. ant.

349. Le Conclave d'Alexandre VII, ou Relation de ce qui s'est passé au conclave pour l'élection du cardinal Fabio Chigi, éleu pape le 7 avril 1655 et nommé Alexandre VII, le tout fidèlement décrit par un conclaviste présent au conclave de cette élection. *S. l.*, 1666, pet. in-12, v. ant. (*Chiffres sur les plats.*)

350. Les Délices de la Hollande, œuvre panégyrique, avec un traité du gouvernement et un abrégé de ce qui s'est passé de plus mémorable jusques à l'an 1650, par J. de Parival. Seconde édition, continuée jusques à l'an 1655, *Leyden, Abr. a Geervliet*, 1655, pet. in-12, vél.

351. Origo et historia Belgicorum tumultuum, immanissimæ crudelitatis per Cliviam et Westphaliam... accedit historia tragica de furoribus gallicis, auctore Ernesto Eremundo Frisio. *Lugd. Batav., apud Barth. van der Bild*, 1619, in-8, portraits et planches, v. br. (*Livre curieux.*)

352. Histoire des procédures criminelles et de l'exécution des trois contes François Madasti, Pierre de Zerin et Franc. Christof. Francipani. *A Amsterdam* (*à la Sphère*), *chez Herman Allard*, 1672, pet. in-12, v. ant. (*Chiffres.*)

353. Révolutions de Portugal, par M. l'abbé de Vertot. *Paris, Fr. Barrois*, 1728, in-12, v. f. dos orné.

354. Jo. Sleidani de statu religionis et reipublicæ, Carolo quinto, cæsare, commentarii... *S. l., excudebat Conrad Badius*, 1559. — De quatuor summis imperiis Babylonico, Persico, Græco et Romano, libri tres... *Excud. Conrad Badius*, 1559, en 1 vol. in-16, v. f. fleurons, dos et coins ornés, tr. dor. (*Rel. du temps.*)

Jolie édition.

355. La Fortune marastre de plusieurs princes et grands seigneurs de toutes nations, depuis environ deux siècles, par le sieur J.-B. de Rocoles. *Leyde, Jean Prins*, 1684, pet. in-12, v. f. (*Déchirure, brûlure à la marge d'un feuillet et taches.*)

BIOGRAPHIE. — BIBLIOGRAPHIE.

357. Les Diverses Leçons de Pierre Messie... contenant variables et mémorables histoires, mises en françois par Claude Gruget, Parisien ; de nouveau reveues, augmentées de la cinquiesme partie (par Ant. du Verdier). *Paris, Nic. Bonfons*, 1584, 4 vol. in-16, v. f. (*Trop rogné en tête.*)

En divisant cet ouvrage en quatre volumes, on a coupé le feuillet qui contient au recto la fin de la deuxième partie, et au verso le commencement de la troisième.

358. L'Antiquité des larrons, composé en espagnol par don Garcia et traduit en françois par le sieur Daudiguier. *Paris, Toussaint du Bray*, 1621, pet. in-8, préparé pour la reliure.

359. Histoire des favorites, contenant ce qui s'est passé de plus remarquable sous plusieurs règnes, par Mme de la Rocheguilhen. *Amsterdam, s. d.*, 2 parties en 1 vol. pet. in-8, front. et portraits grav. par Harrewyn, demi-rel. dos et coins de mar. r. tr. sup. dor. n. rog.

360. Les Amours des grands hommes, par Mme de Villedieu. *Lyon, Jacques Guerrier*, 1696, in-12, v. br. (*Tache d'encre*).

361. Histoires prodigieuses et mémorables, extraites de plusieurs fameux autheurs grecs et latins, divisées en six livres, par Boaistuau, C. de Tesserant, F. de Belleforest, etc... *Lyon, Jean Pillehotte*, 1698, in-16 de 1,282 pages, figures sur bois dans le texte, vél. (*Armoiries.*)

Piqûre de ver dans la marge.

362. C. Plinii Secundi Junioris Vita ordine chronologico sic digesta... studio Joan. Masson. *Amstelodami, apud Janssonio-Waesbergios*, 1709, pet. in-8, frontisp. gr. contenant le portrait de Pline, mar. r. fil. fleurons, dos et coins ornés, tr. dor. (*Rel. anc.*)

363. Histoire critique de Nicolas Flamel et de Pernelle, sa femme, par M. L. V*** (l'abbé Villain). *Paris, Desprez*, 1761, in-12, portrait et figure, v. m.

364. Nos Gens de lettres, leur caractère et leurs œuvres, par

Alcide Dusolier. *Paris, Ach. Faure*, 1864, in-18; demi-rel. mar. vert, tête dor. n. rog.

Exemplaire sur papier de Chine.

365. Tableau des révolutions de la littérature ancienne et moderne, par M. Charles Denina, traduit de l'italien (par le P. de Livoy). *Paris*, 1767, in-12, v. f. fil. dos orné, tr. dorée.

366. Le Blazon royal des armoiries des roys, reynes, davphins, fils et filles de la maison royale de France, le tout traitté par le R. P. Philippe Labbe, de la Compagnie de Jésvs. *A Paris, chez Gaspar Metvras*, 1652, in-12, v. ant.

367. L'Art héraldique, contenant la manière d'apprendre facilement le blason, par M. Baron; nouvelle édition augmentée par M. Playne. *Paris, Charles Osmont*, 1693, in-12, frontisp. gr. et nombr. figures de blas. v. br.

Sur le dos se trouvent les armes du grand DAUPHIN, fils de Louis XIV.

368. Trattato de i colori nelle arme, nelle livree, e nelle devise, di Sicillo araldo del re Alfonso d'Aragona (trad. da Barth. Carampello). *In Venetia, Mich. Bonibelli*, 1595, pet. in-8, parch.

369. Histoire de l'origine et des progrès de l'imprimerie (par Prosper Marchand). *La Haye, veuve Le Vier*, 1740, in-4, frontisp. gr. Schley, v. br.

370. Biographie des imprimeurs et des libraires, précédée d'un coup d'œil sur la librairie, par M. A. J ***, libraire. *Paris*, 1826, in-32, demi-rel. chagr. vert, n. rog.

Livre rare.

371. Œuvres posthumes de J.-M. Quérard, publiées par G. Brunet. — Livres à clef. *Bordeaux, Ch. Lefebvre*, 1873, in-8, demi-rel. dos et coins de maroq. rouge, tête dor. n. rog.

372. Études sur la reliure des livres et sur les collections de bibliophiles célèbres, par Gustave Brunet. *Bordeaux, Ch. Lefebvre*, 1873, in-8, br.

Ouvrage tiré à 115 exemplaires.

SUPPLÉMENT.

373. L'Eloge de la Folie, traduit du latin d'Erasme, par M. Gueudeville. *S. l.*, 1751, in-12, veau, m.

Figures d'Eisen en premières épreuves.

374. Mon Odyssée, ou le journal de mon retour de Saintonge (par Robbé de Beauveset). *La Haye*, 1760, in-8, 4 fig. par Desfriches, gravées par Cochin, cart. (*Raparlier.*)

Bel exemplaire à toutes marges.

375. La Princesse de Babylone (par Voltaire). *S. l.*, 1768, in-8, cart. (*Raparlier.*)

Édition originale. Bel exemplaire lavé et encollé.

376. L'Ingénu, histoire véritable, tiré des manuscrits du père Quesnel (par Voltaire). *A Utrecht*, 1767, in-8, cart. (*Raparlier*).

Bel exemplaire non rogné, lavé et encollé, de l'édition originale.

377. Johannis de Brunes. Emblemata of Zinne-Werek.... *Amsterdam*, 1660, in-4, frontisp. gr. et fig. vél.

Cet ouvrage contient un front. et 52 vignettes gravées d'après Van de Venne, par Galle et autres. Ces figures sont précieuses par les costumes.

378. Historiettes ou nouvelles en vers (par Imbert). *Amsterdam*, 1774, in-8, titre grav. par Moreau, 1 figure et 4 vig. de Moreau, cart. (*Raparlier.*)

Joli exemplaire, lavé et encollé.

379. Molière. Œuvres, avec les notes de tous les commentateurs, publ. par Aimé-Martin. *Paris, Lefèvre*, 1845, 6 vol. gr. in-8 br.

Papier de Hollande. Rare.

380. Revue des Deux-Mondes, 1863 à 1872. — 10 années en livr.

Manque 1 numéro dans les années 1868 et 1870.

381. De universitate liber, in quo astronomiæ doctrinæve cœlestis compendium exponitur, authore Guill. Postello. *Parisiis, apud Martinum juvenem*, 1563, in-4, maroq. br., tr. dor. 2 *grandes planches*.

382. Histoire de l'Imprimerie impériale et royale à Vienne. *S. d.*, in-8 cart., figures.

383. Voyage de Lister à Paris en 1698, trad. *Paris*, 1863, in-8 br.

384. Liber jurium reipublicæ genuensis. *Aug. Taur.*, 1857, 2 vol. in-fol. br.

385. Statistique générale des Basses-Pyrénées, par Ch. de Picamilh. *Pau*, 1868. 2 vol. in-8 br.

386. Bibliothèque universelle et Journal des savants, 1690-1710. 47 vol. in-18, v. f.

387. Suisse et France. — Traités entre les Suisses. — Mémoire de la Guerre. — Service des Suisses en France. — Discussion avec le canton de Fribourg, etc. — 7 vol. in-fol. v.

Manuscrits.

388. Recueil de cartes, par Samson, Delisle, etc., publ. en Hollande par Mortier et Blaeu. 6 vol. in-fol., d.-rel. vélin.

Vues de villes, costumes, cartes coloriées. Les parties comprises dans ces six volumes sont : Constantinople, la Grèce, la France, la Terre-Sainte, la Russie et l'Amérique.

389. G. Pauthier. Le Livre de Marco Polo, rédigé en français par Rusticien de Pise. *Paris, Firmin Didot*, 1865, 2 vol. in-8, d.-rel. mar. r.

390. Relations véritables et curieuses de l'isle de Madagascar et du Brésil. *Paris, Courbé*, 1651, in-4, d.-rel., maroq. r.

391. Duc de Luynes. Voyage d'exploration à la mer Morte, à Pétra et sur la rive gauche du Jourdain, publié par le comte de Vogué. *Paris, Arth. Bertrand, s. d.* 2 vol. in-4 de texte et 1 vol. d'atlas.

Paris. — Typographie de Georges Chamerot, rue des Saints-Pères, 19.

www.ingramcontent.com/pod-product-compliance
Ingram Content Group UK Ltd.
Pitfield, Milton Keynes, MK11 3LW, UK
UKHW020457180726
13839UKWH00004B/1825